עברית לכולן

Hebräisch für alle

Hebräisch für alle
Von Dr. Hila Amit

עברית לכולן
מאת ד"ר הילה עמית

Grafikdesign: Avi Bohbot
Cover-Illustration: Noa Snir

עיצוב גרפי: אבי בוחבוט
איור עטיפה: נעה שניר

Diese Publikation wurde mit freundlicher Unterstützung der Stiftung ‚ZURÜCKGEBEN' — STIFTUNG ZUR FÖRDERUNG JÜDISCHER FRAUEN IN KUNST UND WISSENSCHAFT gefördert

הוצאת הספר התאפשרה הודות לתמיכת עמותת ZURÜCKGEBEN לקידום נשים יהודיות בתחומי האמנויות והמדע

Um einen Hebräischkurs bei Dr. Hila Amit zu buchen, besuchen Sie bitte *www.hilaamit.com*. Zugang zu den Audiodateien der Texte und Übungen in diesem Buch erhalten Sie bei The International Hebrew School unter *www.learnhebrewnow.com/library*

ISBN 978-3-96042-091-0

תוכן עניינים

Inhalt

א

שלום, אני... 9
Hallo, ich bin ...

היכרות 9
Schön, dich kennenzulernen

מילות שאלה: מה, איפה, מי, מאיפה, איך 11
Fragewörter: was, wo, wer, woher, wie

אוצר מילים 14
Vokabular

ב

אחת, שתיים ושלוש 15
Eins, zwei und drei

מספרים: 1–100 16
Die Zahlen: 1–100

שמות גוף 17
Personalpronomen

שמות עצם בזכר ונקבה 17
Feminine und maskuline Substantive

יחיד ורבים 20
Singular und Plural

אוצר מילים 22
Vokabular

ג

אני לומד, את לומדת, הן לומדות 23
Ich studiere, du studierst, sie studieren

זמן הווה 24
Präsens

מילת היחס "ל" בצירוף הטיות בהתאם לשמות גוף 26
Die Präposition „le“ mit Pronominalsuffixen

יש / אין בזמן הווה 28
„jesh“ / „ejn“: ich habe / ich habe nicht (Präsens)

פעלים יוצאי־דופן בזמן הווה 30
Unregelmäßige Verben in der Gegenwartsform

אוצר מילים 32
Vokabular

ד

אני בבית, את בתל־אביב ... 33
Ich bin zuhause, du bist in Tel Aviv

מילות היחס: על, ב, מ, ל, של, עם ... 34
Die Präpositionen: auf, in, von, nach, zu, mit

ה׳ הידיעה ... 35
Der bestimmte Artikel

שם התואר ... 36
Adjektive

כינויי רמז ... 37
Demonstrativpronomen

שם הפועל ... 40
Der Infinitiv

מילת היחס "את" ... 41
Die Präposition „et“

אוצר מילים ... 44
Vokabular

סיכום פרקים א׳-ד׳ ותרגילי חיזוק ... 45
Wiederholung von Kapitel 1-4 mit Übungen

ה

אבא במשרה מלאה ... 51
Vollzeitvater

זמן עבר ... 52
Präteritum

צורת השניים ... 55
Die Dualform

מספרים: 100-1,000,000 ... 56
Die Zahlen: 100-1.000.000

תארים השוואתיים: יותר, הכי, מאוד ... 57
Steigerungsformen: mehr, am meisten, sehr

אוצר מילים ... 60
Vokabular

סיכום פרק ה׳ ותרגילי חיזוק ... 61
Wiederholung von Kapitel 5 mit Übungen

ו

השבוע של שירה ... 65
Shiras Woche

זמן עבר: פעלים יוצאי־דופן ... 66
Die Vergangenheitsform: unregelmäßige Verben

שעות וקריאת שעון ... 69
Die Uhrzeit

מספרים בנקבה וזכר ... 71
Zahlen: feminin und maskulin

מספר סידורי ... 73
Ordnungszahlen

אוצר מילים ... 75
Vokabular

סיכום פרק ו' ותרגילי חיזוק ... 77
Wiederholung von Kapitel 6 mit Übungen

ז

מה אקנה למסיבה? ... 81
Was kaufe ich für die Party?

זמן עתיד ... 82
Futur

פעלים יוצאי־דופן בזמן עתיד ... 85
Unregelmäßige Verben in der Zukunftsform

קניות בסופר ... 88
Einkaufen im Supermarkt

אוצר מילים ... 91
Vokabular

סיכום פרק ז' ותרגילי חיזוק ... 93
Wiederholung von Kapitel 7 mit Übungen

ח

איך הולכים למוזיאון? ... 97
Wie komme ich ins Museum?

בניין פיעל ... 98
Binjan Piel

מילות יחס עם הטיות בהתאם לשמות גוף: של, ב, ל ... 101
Präpositionen mit Proniminalsuffixen: von, in, zu/nach

איברי גוף ... 104
Der Körper

אוצר מילים ... 107
Vokabular

סיכום פרק ח' ותרגילי חיזוק ... 109
Wiederholung von Kapitel 8 mit Übungen

ט

רוברט וסמואל מתחתנים! 115
Robert und Samuel heiraten!

בניין התפעל 116
Binjan Hitpael

מילות יחס עם הטיות בהתאם לשמות גוף: 118
את, עם, ליד, בגלל, אחרי, אצל, לפני, בשביל
Präpositionen mit Pränominalsuffixen:
„et“, mit, neben, weil, danach/nach, bei, davor/vor, für

מזג אוויר 123
Das Wetter

אוצר מילים 125
Vokabular

סיכום פרק ט' ותרגילי חיזוק 127
Wiederholung von Kapitel 9 mit Übungen

י

הקומונָה 131
Die Kommune

בניין הפעיל 132
Binjan Hif-il

סמיכות 134
Zusammengesetzte Substantive (Smichut)

היה לי / לא היה לי 138
„haja li“ / „lo haja li“: ich hatte / ich hatte nicht (Präteritum)

אוצר מילים 140
Vokabular

סיכום פרק י' ותרגילי חיזוק 141
Wiederholung von Kapitel 10 mit Übungen

נספחים 147
Anhänge

הקדמה

Einleitung

כל פרק בספר מתחיל עם טקסט ייחודי אשר מציג דמויות ונושאים מגוונים. הטקסטים מהווים את הבסיס לגישה הפרוגרסיבית והפלורליסטית של הספר, ודרכם ייחשפו התלמידות לנושאי תחביר ודקדוק, ויצברו אוצר מילים חדש. כל פרק מסתיים באוצר המילים שנלמד באותו הפרק, ובתרגילי חיזוק וחזרה על נושאי הדקדוק החדשים. בסופו של הספר התלמידות ימצאו רשימה של כל הפעלים שנלמדו לאורך הספר, מחולקים לפני הבניינים השונים ולפי קבוצות יוצאי הדופן בכל בניין.

בספר זה החלטתי לפשט את השימוש וההצגה של **הניקוד העברי**. דוברי עברית כשפת־אם עשויים למצוא את הניקוד בספר הזה שונה מהניקוד התקני, כפי שמופיע במילון או בתנ"ך. בחרתי להנגיש את הניקוד באמצעות גישה פשטנית יותר, על מנת להקל את תהליך ההיכרות עם השפה וההגייה. פירוש הדבר שהניקוד בספר מקדם הגייה פשוטה וקלה, מודרנית, ולאו דווקא משקף חוקי ניקוד תקניים המצויים בעברית הספרותית, האקדמית או המקראית. לדוגמא, אם במקרים מסוימים שימוש נכון של המילה יצריך חטף קמץ, בספר אשתמש רק בקמץ. כמו כן, שיטת הלימוד בספר זה תגדיר שאין הבדלים משמעותיים בהגייה בין קמץ לפתח, ובין צירה לסגול, וכדומה.

Jedes Kapitel des Buches beginnt mit einer Einführung, die die verschiedenen Charaktere und Themen vorstellt und einen Einstieg in die Grammatik und Vokabeln der Lektion bietet. Am Ende eines jeden Kapitels steht ein Rückblick auf das Erlernte, es gibt eine Übersicht aller neuen Vokabeln sowie Wiederholungsübungen zum Festigen des Lernstoffs. Das Lehrbuch endet schließlich mit einer Übersicht aller behandelten Verben.

Anmerkung zu den Vokalen: In diesem Buch habe ich mir erlaubt, die Verwendung der hebräischen Vokale zu vereinfachen. Hebräisch-Leser*innen mit einem Auge für die Sprache könnten einige Vokale finden, die anders als in einem Hebräisch-Wörterbuch verwendet werden. Ich habe mich für eine vereinfachte Version des Vokalsystems entschieden, die kleine Änderungen zulässt. Dies geschieht, um die Einführung in die Sprache zu erleichtern und die Aussprache zu vereinfachen. Das heißt, dass das im Buch verwendete Vokalsystem eine korrektere Aussprache des modernen Hebräisch in den Vordergrund stellt, anstatt sich auf die literarische, akademische und biblische Verwendung der Vokale zu beziehen. Zum Beispiel würde in einigen Fällen eine korrekte Verwendung den Chataf-Kamatz (ֳ) erfordern, während ich in diesem Buch nur den Kamatz (ָ) verwende.

שלום, אני...

Hallo, ich bin ...

- שָׁלוֹם! אָנִי טוֹם.
• הָיְי! אני נִינָה!
- נָעִים לְהָכִּיר!
• נעים מְאוֹד!

schön, dich kennenzulernen na-im le-ha-kir	נָעִים לְהָכִּיר
sehr angenehm (dich kennenzu-lernen) na-im me-od	נָעִים מְאוֹד

- בּוֹקֶר טוֹב, מִי אָת?
• בוקר טוב, אני סְטֶפָנִי!
מי אָתָה?
- אני מוּחָמַד, נעים מאוד!
• נעים להכיר!

Wer bist du? mi at	מִי אָת? ♀
Wer bist du? mi ata	מִי אָתָה? ♂
guten Morgen bo-ker tow	בּוֹקֶר טוֹב
guten Nachmittag zo-ho-raim to-wim	צוֹהוֹרַיִים טוֹבִים
guten Abend e-rew tow	עֶרֶב טוֹב
gute Nacht lay-la tow	לַיְלָה טוֹב

- שָׁלוֹם, אֲנִי הִילָה!

• הָיי! קוֹרְאִים לִי
אִיבְּתִיסָם.

- שלום, הָשֵׁם שֶׁלִּי סְטֶפָנִי.

Hallo, ich bin Hila sha-lom, ani hi-la	שָׁלוֹם, אֲנִי הִילָה
Hi! Ich heiße Ibtisam hi! kor-im li ib-ti-sam	הָיי! קוֹרְאִים לִי אִיבְּתִיסָם
Mein Name ist Stephanie sha-lom, ha-shem she-li ste-fa-nie	הָשֵׁם שֶׁלִּי סְטֶפָנִי

1 **תרגמו לעברית**

Übersetzt ins Hebräische

A. Guten Abend, ich bin Tom.

____

B. Guten Nachmittag Hila, schön, dich kennenzulernen.

____

C. Wer bist du? ♀

____

- מָה שְׁלוֹמֵךְ הָיוֹם?
• מְצוּיָן! מה שְׁלוֹמְךָ?
- סָבָּבָּה!
• לְהִתְרָאוֹת!
- בָּיי!

Wie geht es dir? ma shlo-mech	מָה שְׁלוֹמֵךְ? ♀
Wie geht es dir? ma shlom-cha	מַה שְׁלוֹמְךָ? ♂
Was gibt es Neues? ma nish-ma	מה נִשְׁמָע?
super, genial sa-ba-ba	סָבָּבָּה
prima, großartig ach-la	אַחְלָה
gut, danke tow to-da	טוֹב, תוֹדָה
ausgezeichnet me-zu-jan	מְצוּיָן

Woher? me-ej-fo	מאיפה?
Wo? ej-fo	איפה?
Was? ma	מה?
Wie geht es dir? ma shlo-mech	מה שלומך? ♀
Wie geht es dir? ma shlom-cha	מה שלומך? ♂
Wer? mi	מי?
Wer bist du? mi at	מי את? ♀
Wer bist du? mi ata	מי אתה? ♂

- מֶאֵיְפֹה אָתָה?

• אני מֶטוֹרוֹנְטוֹ.

מֶאֵיפֹה אַתְ?

- אני מִפָּרִיז.

מָה אָתָה עוֹשֶׂה?

• אני לוֹמֶד בָּאוֹנִיבֶרְסִיטָה.

מה את עוֹשָׂה?

- אני עוֹבֶדֶת בֶּבֵית חוֹלִים.

אֵיפֹה אתה גָר עָכְשָׁיו?

• אני גר בֶּיְרוּשָׁלַיִם.

איפה את גָרָה עכשיו?

- עכשיו אני גרה בתֶל־אָבִיב.

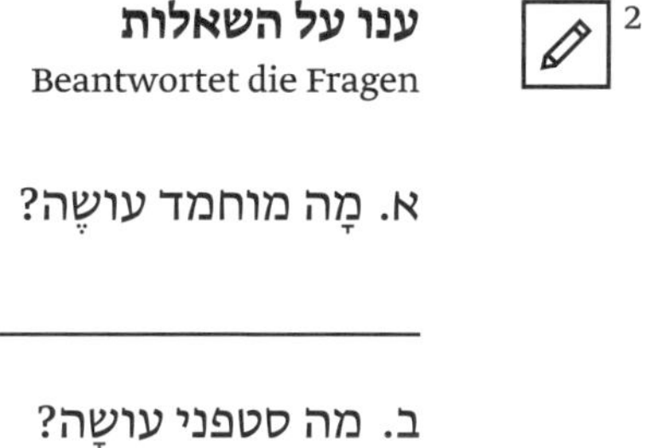

2

ענו על השאלות

Beantwortet die Fragen

א. מָה מוחמד עושֶׂה?

____

ב. מה סטפני עושָׂה?

____

ג. מֶאֵיפֹה מוּחָמָד?

____

ד. מאיפה סְטֶפָנִי?

____

ה. אֵיפֹה מוחמד גָר?

____

ו. איפה סטפני גרָה?

____

3

תרגמו לעברית
Übersetzt ins Hebräische

A. Guten Morgen Tom, wie geht es dir?

B. Gut, danke! Wie geht es dir, Stephanie?

C. Ausgezeichnet!

4

כתבו דיאלוג בין שני אנשים. השתמשו לפחות בארבע ממילות השאלה
Schreibt einen Dialog zwischen 2 Personen. Verwendet dabei mindestens 4 der Fragewörter

5

השלימו את המילים החסרות מהמחסן למטה
Ergänzt die Lücken im Text mit den untenstehenden Wörtern

א. ___________ שלומך?

ב. אני הילה, ___________ את?

ג. ___________ את לומדת? אני לומדת עברית.

ד. ___________ אתה? אני מפריז.

ה. ___________ את עובדת? אני עובדת בבית־חולים.

איפה / מה / מאיפה / מה / מי

6

השלימו את המילים החסרות מהמחסן למטה
Ergänzt die Lücken im Text mit den untenstehenden Wörtern

א. הילה: צהריים ___________! מי אתה?

ב. טום: צהריים טובים, ___________ לי טום! מי את?

ג. הילה: אני הילה. ___________ להכיר!

ד. טום: נעים ___________! מה שלומך?

ה. הילה: ___________, תודה! מה שלומך?

ו. טום: אחלה!

ז. הילה: ___________ אָתָה?

ח. טום: אני מֶלונדון. ___________?

ט. הילה: אני מישראל. איפה אתה גר עכשיו?

י. טום: עכשיו אני ___________ בסן־פרנסיסקו. איפה את גרה עכשיו?

יא. הילה: אני גרה ___________. מָה אָתָה עוֹשֶׂה?

יב. טום: אני ___________ בָּאוּנִיבֶרְסִיטָה. מה את עוֹשָׂה?

יג. הילה: אני מורה לעברית. ___________ אתה לומד באוניברסיטה?

יד. טום: אני לומד גרמנית.

טו. הילה: גם אני לומדת גרמנית! זה קשה!

בברלין / טוב / נעים / לוֹמֵד / טובים / מֵאֵיְפֹה / מאוד / מה / קוראים / אַתְ / גר

ich ani	אני
du ♀ at	את
du ♂ ata	אתה
Universität u-ni-wer-si-ta	אוניברסיטה
Krankenhaus bejt cho-lim	בית חולים
Jerusalem je-ru-sha-la-im	ירושלים
jetzt ach-shaw	עכשיו
Tel Aviv tel a-wiw	תל־אביב
guten Morgen bo-ker tow	בּוֹקֶר טוֹב
guten Nachmittag zo-ho-raim to-wim	צוֹהוֹרָיִים טוֹבִים
guten Abend e-rew tow	עֶרֶב טוֹב
gute Nacht lay-la tow	לַיְלָה טוֹב
super, genial sa-ba-ba	סַבַּבָּה
prima, großartig ach-la	אַחְלָה
gut tow	טוֹב
danke to-da	תוֹדָה
Toronto to-ron-to	טורונטו
London lon-don	לונדון
San Francisco san fran-sis-co	סן־פרנסיסקו

schön, dich kennenzulernen na-im le-ha-kir	נעים להכיר
sehr angenehm/erfreut na-im me-od	נעים מאד
von me	מ
in / an be	ב
deutsch ger-ma-nit	גרמנית
schwierig ka-she	קשה

פעלים Verben	
wohnen ga-ra / gar	גָּרָה♀ / גָּר♂
machen o-sa / o-se	עוֹשָׂה♀ / עוֹשֶׂה♂
lernen lo-me-det / lo-med	לוֹמֶדֶת♀ / לוֹמֵד♂
arbeiten o-we-det / o-wed	עוֹבֶדֶת♀ / עוֹבֵד♂

מילות שאלה Fragewörter	
wer mi	מִי
was ma	מַה
wo ej-fo	איפה
woher me-ej-fo	מאיפה
Wie geht es dir? ma shlom-cha / ma shlo-mech	מה שלוֹמֵךְ♀ מה שלוֹמְךָ♂

אחת, שתיים ושלוש

Eins, zwei und drei

0	e-fes	אֶפֶס
1	a-chat	אַחַת
2	shteim	שְׁתַּיִם
3	sha-losh	שָׁלוֹשׁ
4	ar-ba	אַרְבַּע
5	cha-mesh	חָמֵשׁ
6	shesh	שֵׁשׁ
7	she-wa	שֶׁבַע
8	shmo-ne	שְׁמוֹנֶה
9	te-sha	תֵּשַׁע
10	e-ser	עֶשֶׂר

- היי מוּחָמָד! מה קוֹרֶה?

• אָחְלָה! מה הָעִנְיָינִים, נינה?

- מְצוּיָן! מה הָטֶלֶפוֹן שֶׁלְּךָ?

• הטלפון שֶׁלִּי:

054-62398871

- אוֹקֵיי. והַמִּסְפָּר שלי:

050-40302277

Was ist los? ma ko-re	מה קוֹרֶה?
Was gibt es Neues? ma ha-in-ja-nim	מה הָעִנְיָינִים?
Telefon te-le-fon	טֶלֶפוֹן
Nummer mis-par	מִסְפָּר

1 כִּתְבוּ את הַמִּסְפָּרִים בְּעִבְרִית

Schreibt die Zahlen auf Hebräisch

10	עשר	eser
11	אחת עשרה	achat esre
12	______	shtem esre
13	______	shlosh esre
14	______	arba esre
15	______	chamesh esre
16	______	shesh esre
17	______	shwa esre
18	______	shmone esre
19	______	tsha esre
20	עשרים	esrim
21	עשרים ואחת	esrim we-achat
22	______	esrim we-shteim
23	______	esrim we-shalosh
24	______	esrim we-arba
25	______	esrim we-chamesh
26	______	esrim we-shesh
27	______	esrim we-shewa
28	______	esrim we-shmone
29	______	esrim we-tesha
30	שלושים	shloshim
40	ארבעים	arbaim
50	חמישים	chamishim
60	שישים	shishim
70	שבעים	shiwim
80	שמונים	shmonim
90	תשעים	tishim
100	מאה	mea

2 **בחרו את המילה המתאימה**
Wählt das richtige Wort

א. ___________ כַּמָּה אַתְּ, הִילָה?

ב. ___________ כמה אתָה, מוּחָמַד?

ג. ___________ כמה אתֶן, נִינָה וּמִיכָל?

ד. הוּא ___________ 3.

ה. הִיא ___________ 5.

ו. אֲנַחְנוּ ___________ 18.

ז. הֵם ___________ 27.

ח. הֵן ___________ 78.

ט. ___________ כמה אַתֶּם?

בֵּן / בַּת / בְּנֵי / בְּנוֹת

ich a-ni	אֲנִי
du ♀ at	אַתְּ ♀
du ♂ a-ta	אַתָּה ♂
ihr ♀ a-ten	אַתֶּן ♀
ihr ♂ a-tem	אַתֶּם ♂
wir a-nach-nu	אֲנַחְנוּ
sie hi	הִיא ♀
er hu	הוּא ♂
sie ♀ PL. hen	הֵן ♀
sie ♂ PL. hem	הֵם ♂

- בַּת כַּמָּה אַתְּ? ♀
- אֲנִי בַּת שְׁלוֹשִׁים וָשֶׁבַע. ♀
- בֶּן כַּמָּה אַתָּה? ♂
- אֲנִי בֶּן שְׁמוֹנִים וָתֵשַׁע ♂

Wie alt seid ihr? PL. bnej ka-ma atem	בְּנֵי כַּמָּה אַתֶּם? ♂
Wir sind 32 & 34 Jahre alt anach-nu bnej 32 we 34	אֲנַחְנוּ בְּנֵי 32 ו־34 ♂
Wie alt seid ihr? PL. bnot ka-ma aten	בְּנוֹת כַּמָּה אַתֶּן? ♀
Wir sind 32 Jahre alt anachnu bnot 32	אֲנַחְנוּ בְּנוֹת 32 ♀

3

כתבו את שם הגוף

Notiert die korrekten Personalpronomen

א. הילה, ________ מוֹרָה לְעִבְרִית?

כֵּן, ________ מורה לעברית!

ב. מוחמד, מַה ________ עוֹשֶׂה?

________ רוֹפֵא!

ג. טום ומוחמד, ________ מְדַבְּרִים עברית?

כן, ________ מדברים עברית, וְגַם אַנְגְּלִית, רוּסִית, יַפָּנִית וְסִינִית.

ד. הילה וְאיבתיסם, ________ גָּרוֹת בְּבֶּרְלִין?

לא, ________ גרות בְּפָּרִיז.

ה. נינה לוֹמֶדת בָּאוּנִיבֶרְסִיטָה?

כן, ________ לומדת באוניברסיטה.

4

בחרו את האפשרות הנכונה

Wählt die richtige Option

א. שלום! אני אִיבְּתִיסָם, אני [בת / בנות / בן / בני] עֶשְׂרִים וְשָׁלוֹשׁ.

ב. בוקר טוב! אני נינה, ואני [בת / בנות / בן / בני] אַרְבָּעִים וְשֶׁבַע.

ג. היי איבתיסם ונינה! [בת / בנות / בן / בני] כמה אתֶן?

ד. שלום מוחמד וטום! אנחנו [בת / בנות / בן / בני] עֶשְׂרִים וְשָׁלוֹשׁ וְאַרְבָּעִים וְשֶׁבַע.

5

בחרו את המילים המתאימות

Wählt die richtigen Wörter

א. מוחמד, ________ כמה אתה?

ב. אני ________ 32. בת כמה ________?

ג. אני ________ 40. אֵיפֹה אַתָה גָר?

ד. אני גר בְרְחוֹב מָארִי קִירִי ________ 11. איפֹה אַת גָרָה?

ה. אני גרה ברחוב פְרִידָה קָאלוֹ מִסְפָּר ________.

מספר / בת / שבע עשרה / בן / את / בן

זכר ונקבה
Femininum und Maskulinum

In der hebräischen Grammatik unterscheiden wir zwischen männlich und weiblich bei Substantiven, Adjektiven und Verben. Substantive, die auf ת und ה enden, sind meistens feminin. Adjektive, die auf ein feminines Substantiv folgen, enden meistens auf ה.

מקצועות Berufe	
Ärztin / Arzt ro-fa / ro-fe	רוֹפְאָה ♀ / רוֹפֵא ♂
Fahrerin / Fahrer na-he-get / na-hag	נַהֶגֶת ♀ / נַהַג ♂

שמות עצם Substantive	
Mädchen / Junge jal-da / je-led	יַלְדָה ♀ / יֶלֶד ♂
Frau / Mann i-sha / ish	אישה ♀ / איש ♂

Es enden jedoch auch einige maskuline Substantive auf ת. In diesen Fällen kann man den Genus des Substantivs an dem darauffolgenden Adjektiv erkennen.

שמות עצם תואמים את המין Das Adjektiv entspricht dem Genus des Substantivs	
eine große Tür de-let gdo-la	דלת גְדוֹלָה ♀
ein großes Mädchen jal-da gdo-la	יַלְדָה גְדוֹלָה ♀
ein großes Haus bait ga-dol	בית גָדוֹל ♂

שמות עצם Substantive	
Tür de-let	דֶלֶת ♀
Hemd chul-za	חוּלְצָה ♀
Haus bait	בַּיִת ♂

כִּתְבוּ אֶת הָמִסְפָּרִים בְּעִבְרִית  6
Schreibt die Zahlen auf Hebräisch

12 ______________________ 67 ______________________

17 ______________________ 79 ______________________

23 ______________________ 99 ______________________

56 ______________________ 100 ______________________

תרגמו לעברית

Übersetzt ins Hebräische

A. ein großer Fahrer

____

B. eine große Ärztin

____

C. ein stabiler Tisch

____

D. ein großes Hemd

____

E. eine große Straße

____

F. eine große Universität

____

יחיד ורבים

Singular und Plural

Um aus einem Substantiv im Singular einen Plural zu machen, werden Suffixe ergänzt. An maskuline Substantive wird **ים** angefügt, an feminine Substantive **ות**. Enden feminine Substantive auf **ה** fällt das **ה** weg und das **ות** tritt an dessen Stelle.

Junge SING. ♂	יֶלֶד ♂ keine Endung
Mädchen SING. ♀	יַלְדָּה ♀ ה- / ת-
Jungen PL. ♂	יְלָדִים ♂ ים-
Mädchen PL. ♀	יְלָדוֹת ♀ וֹת-

8 **תרגמו לעברית**
Übersetzt ins Hebräische

A. ein starker Junge

E. große Häuser

B. ein schönes Hemd

F. ein stabiler Tisch

C. große Jungen

G. nette Ärztinnen ♀

D. große Mädchen

H. starke Mädchen

9 **כתבו משפטים נכונים**
Formuliert richtige Sätze

א. גר / טום / בגרמניה / באוניברסיטה / ולומד

ב. בת / שלושים ושמונה / סטפני

ג. עברית / את / מדברת / ?

ד. גרה / ברחוב / אני / פרידה קאלו / שישים ושבע / מספר

ה. ילדות / חזקות / אנחנו / וגדולות

ו. בטורונטו / גרים / מוחמד / ועובדים / באוניברסיטה / והילה

אוצר מילים

Coca Cola ko-la	קוֹלָה
Mann ish	איש
Frau i-sha	אישה
Studentin / Student stu-den-tit / stu-dent	סטודנטית / סטודנט
Mutter i-ma	אמא
Vater a-ba	אבא
heute ha-jom	היום
Deutschland ger-man-ia	גרמניה
Orangensaft miz ta-pu-sim	מִיץ תַּפּוּזִים
Straße re-chow	רְחוֹב
stark cha-sak	חָזָק
Hemd chul-za	חולצה
Tisch shul-chan	שולחן
nett nech-ma-da / nech-mad	נֶחְמָדָה ♀ / נֶחְמָד ♂

פעלים
Verben

trinken PL. sho-tot / sho-tim	שׁוֹתוֹת ♀ / שׁוֹתִים ♂
sprechen PL. me-da-brott / me-da-brim	מְדַבְּרוֹת ♀ / מְדַבְּרִים ♂
wohnen PL. ga-rot / ga-rim	גָּרוֹת ♀ / גָּרִים ♂

mein she-li	שֶׁלִּי
dein she-lach / shel-cha	שֶׁלָּךְ ♀ / שֶׁלְּךָ ♂
Telefon te-le-fon	טֶלֶפוֹן
Nummer mis-par	מִסְפָּר
Was ist los? ma ko-re	מָה קוֹרֶה?
Was gibt es Neues? ma ha-in-ja-nim	מָה הָעִנְיָנִים?
Lehrerin / Lehrer mo-ra / mo-re	מוֹרָה ♀ / מוֹרֶה ♂
Schülerin / Schüler tal-mi-da / tal-mid	תַּלְמִידָה ♂ / תַּלְמִיד ♀
Hebräisch iw-rit	עִבְרִית
Englisch an-glit	אַנְגְּלִית
Russisch ru-sit	רוּסִית
Japanisch ja-pa-nit	יַפָּנִית
Chinesisch si-nit	סִינִית
Ärztin / Arzt ro-fa / ro-fe	רופאה ♀ / רופא ♂
groß ga-dol	גדול
Fahrerin / Fahrer na-he-get / na-hag	נהגת ♀ / נהג ♂
Tür de-let	דלת
Haus bait	בית
Wasser maim	מַיִם

אני לומד, את לומדת, הן לומדות

Ich studiere, du studierst, sie studieren

מוֹרֶה: בוקר טוב תָלְמִידוֹת! ברוּכוֹת הָבָּאוֹת לֶכִּיתָה א׳.
אני המוֹרֶה נָתָן.

יֶלָדוֹת: בוקר טוב נתן!

מורה: אֵיך קוֹרְאִים לָכֶן?

תָלְמִידָה: קוֹרְאִים לִי סוֹפִי.

תלמידה: לי קוראים מִיכָל.

תלמידה: אני אָמִירָה.

תלמידה: הָשֶם שֶלִי סָבִּיחָה אָבָל כּוּלָם קוראים לי סָבִּי.

מורה: סופי, מה את אוֹהֶבֶת לִלְמוֹד בֶּבֶּית סֶפֶר?

סופי: אני אוהבת ללמוד מָתֶמָטִיקָה.

מורה: מיכל, מה את רוֹצָה ללמוד בֶּבֶּית סֶפֶר?

מיכל: אני רוצה ללמוד אוֹמָנוּת.

מורה: אמירה, אֵיזֶה סֶפֶר את קוֹרֶאת?

אמירה: אני לֹא קוֹרֶאת סְפָרִים, אני שׁוֹמָעַת פּוֹדְקָאסְטִים.

מורה: סבי, מה את עוֹשָה בִּכִּיתָה א׳?

סביחה: אני לוֹמֶדֶת אָנְגְלִית, מָתֶמָטִיקָה וֶהִיסְטוֹרְיָה.

הפועל בזמן הווה

Das Verb in der Gegenwart

Im Hebräischen werden die meisten Verben aus einem Wortstamm mit 3 Buchstaben gebildet, aus dem **שורש** (Shoresh, dt. Wurzel). Im Präsens hat jedes Pronomen eigene Buchstaben, die an den Wortstamm (Shoresh) angehängt werden. Außerdem fügen wir ein **ו** nach dem ersten Buchstaben des Shoresh ein.

גוף Pronomen	זמן הוֹוֶה Gegenwart	- אותיות השורש מסומנות בסימן Die Buchstaben des Shoresh sind mit einem - markiert
אני	כּוֹתֵב/ת	- ו - - / ת
אתה	כּוֹתֵב	- ו - -
את	כּוֹתֶבֶת	- ו - - ת
הוא	כּוֹתֵב	- ו - -
היא	כּוֹתֶבֶת	- ו - - ת
אתם	כּוֹתְבִים	- ו - - י ם
אתן	כּוֹתְבוֹת	- ו - - ו ת
הם	כּוֹתְבִים	- ו - - י ם
הן	כּוֹתְבוֹת	- ו - - ו ת
אנחנו	כּוֹתְבִים/וֹת	- ו - - י ם / ו ת

1 

בחרו את ההטייה הנכונה

Wählt die richtige Konjugation

א. סופי [אוהב / אוהבת / אוהבים] ללמוד מתמטיקה.

ב. סביחה [לומדות / לומד / לומדת] אנגלית והיסטוריה.

ג. למורה של כיתה א' [קוראים / קוראות / קוראת] נתן.

ד. אמירה [קוראת / שומעת / שומע] פּוֹדְקָאסְטִים.

ה. נינה [גר / גרות / גורה / גרה] בתל־אביב.

2 הטו את הפועל לפי נושא המשפט

Konjugiert das Verb entsprechend dem Subjekt des Satzes

א. סטפני וטום ____________ [א.כ.ל] פִּיצָה.

ב. אני ____________ [ה.ל.ך] לְמִסְעָדָה עִם חֲבֵרִים.

ג. אנחנו ____________ [כ.ת.ב] בבית־ספר בְּעִבְרִית.

ד. מתן ____________ [ק.ר.א] סֵפֶר גָּדוֹל.

ה. אתם ____________ [י.ד.ע] שֶׁהִילָה גָּרָה בְּבֶּרְלִין?

ו. את ____________ [ל.מ.ד] לְדַבֵּר עֲרָבִית בבית־הספר?

ז. איבתיסם ומיכל, אתן ____________ [נ.ס.ע] לְלוֹנְדוֹן?

3 מלאו את החסר בטבלה

Ergänzt die Tabelle

שם הפועל Infinitiv	שורש Shoresh	אני ich	את du (♀)	אתן ihr (♀)	הם sie (♂ PL.)
לִלְמוֹד studieren	ל.מ.ד				
לִקְרוֹא lesen / rufen			קוראת		
לִכְתוֹב schreiben		כותב			
לִנְסוֹעַ fahren	נ.ס.ע				
לַחְשׁוֹב denken					
לִשְׁמוֹעַ hören					
לִשְׁאוֹל fragen					
לֶאֱכוֹל essen	א.כ.ל				
לֶאֱהוֹב lieben					
לִמְצוֹא finden					
לָלֶכֶת gehen	ה.ל.ך				

מילית היחס "ל" והטייתה לפי כינוי גוף

Die Präposition „zu“ und ihre Pronominalsuffixe

Die Frage „Wie heißt du?“ erfordert die hebräische Präposition **ל** (zu) mit einem Pronominalsuffix.

גוף Pronomen	יחיד Singular	רבים Plural	...ל zu +
1. Person	ִי	ָנוּ	לָנוּ / לִי
2. Person ♀	ָךְ	ָכֶן	לָכֶן / לָךְ
2. Person ♂	ְךָ	ָכֶם	לָכֶם / לְךָ
3. Person ♀	ָה	ָהֶן	לָהֶן / לָה
3. Person ♂	וֹ	ָהֶם	לָהֶם / לוֹ

Die wörtliche Übersetzung der Frage „Wie heißt du?“ lautet: „Wie rufen sie dir zu?“

Wie heiße ich? ech kor-im li	אֵיךְ קוֹרְאִים לִי?
Ich heiße Hila. kor-im li hila	קוֹרְאִים לִי הִילָה.

4 הטו את מילית היחס "ל" בהתאם לכינוי הגוף

Konjugiert die Präposition „le“ entsprechend dem Personalpronomen

א. איך קוראים לָךְ (את)

ב. איך קוראים לָ_____ (אתם)

ג. איך קוראים לָ_____ (הן)

ד. איך קוראים לֶ_____ (אתה)

ה. איך קוראים ל_____ (הוא)

ו. איך קוראים לָ_____ (היא)

ז. איך קוראים לָ_____ (הם)

5 **בחרו את ההטייה הנכונה של מילית היחס "ל"**
Wählt die richtige Form der Präposition „le" aus

א. מיכל: שָׁלוֹם! אֵיךְ קוֹרְאִים לָכֶם?

סטפני ומוחמד: קוֹרְאִים ________ סְטֶפָנִי וֶמוחמד! אֵיךְ קוֹרְאִים ________?

מיכל: קוראים ________ מיכל.

ב. טום: בּוֹקֶר טוֹב! איך קוראים ________?

איבתיסם: בוקר טוב! קוראים ________ איבתיסם. איך קוראים ________?

טום: קוראים ________ טום.

ג. ילדים: עֶרֶב טוֹב! איך קוראים ________?

ילדות: ערב טוב! קוראים ________ מיכל וסטפני. איך קוראים ________?

ילדים: קוראים ________ נָתָן וֶגָבְרִיאֶל.

6 **בחרו את ההטייה הנכונה של מילית היחס "ל"**
Wählt die richtige Form der Präposition „le" aus

א. הילה: שלום! קוראים [לי / לה / לנו] הילה.

ב. יוֹנָתָן וְיוּלִיָה: בוקר טוב! קוראים [לכם / לנו / לי] יוֹנָתָן וֶיוּלִיָה! מה שְׁלוֹמֵךְ?

ג. הילה: מְצוּיָן! איפה [את / אתם / אתן] גָרִים?

ד. יונתן ויוליה: [אני / אנחנו / אתם] גרים בְּבֶּרְלִין. איפה [היא / אני / את] גרה?

ה. הילה: [אני / אנחנו / הם] גָם גרה בברלין!

7 **כתבו את מילת היחס "ל" בהטייה הנכונה**
Schreibt die Präposition „le" in der richtigen Form

א. אני קונה להילה מתנה. — אני קונה לה ספר.

ב. אנחנו נותנים לטום מתנה. — אנחנו נותנים ________ שלושה ספרים.

ג. אמא קונה לסטפני וטום מתנה. — גם אבא קונה ________ מתנה.

ד. אני כותבת מכתב למוחמד. — אני כותבת ________ על הטיול שלי בפריז.

ה. סטפני ונינה רוצות קפה. — אני נותנת ________ קפה עם סוכר.

ו. הילדים לומדים נושא חדש. — המורה נותנת ________ שיעורי־בית.

יש לי / אין לי

Ich habe / ich habe nicht

Ähnlich wie bei „Wie heißt du?“ wird der Satz „Ich habe …“ im Präsens aus dem Wort “יש” (es gibt) + Präposition **ל** (zu) + Pronominalsuffix gebildet.

גוף Pronomen	יחיד Singular	רבים Plural	יש haben + zu + Pronominalsuffix	אין „nicht haben + zu + Pronominalsuffix"
1. Person	ִי	ָנוּ	יֶש לָנוּ / לִי	אֵין לָנוּ / לִי
2. Person ♀	ָךְ	ָכֶן	יֶש לָכֶן / לָךְ	אֵין לָכֶן / לָךְ
2. Person ♂	ְךָ	ָכֶם	יֶש לָכֶם / לְךָ	אֵין לָכֶם / לְךָ
3. Person ♀	ָה	ָהֶן	יֶש לָהֶן / לָה	אֵין לָהֶן / לָה
3. Person ♂	וֹ	ָהֶם	יֶש לָהֶם / לוֹ	אֵין לָהֶם / לוֹ

איבתיסם: **שלום, טום, מה הָעִנְיָינִים? יֶש לְךָ קָפֶה?**

טום: **כֵּן, יש לי הַרְבֵּה קפה. את רוצה קצת?**

איבתיסם: **כן, בְּבַקָשָׁה. יֶש לִי חָלָב אָבָל אֵין לִי קָפֶה!**

טום: **יש לָךְ סוּכָּר?**

איבתיסם: **אֵין לִי סוּכָּר, אָבָל אָנִי לֹא שׁוֹתָה קָפֶה עִם סוּכָּר.**

טום: **טוב מְאוֹד, אני גם לא שׁוֹתֶה קפה עם סוכר.**

8 **מלאו את החסר**

Ergänzt den Lückentext

א. לטום ________ קפה. לאיבתסים ________ קפה וגם אין ________ סוכר.

מה יש לאיבתיסם? יש ________ חלב!

ב. שלום, הילה, יש ________ ספר אנגלית?

לא, ________ לי ספר אנגלית. יש ________ ספר עברית.

9
בחרו את המילים המתאימות
Ergänzt die Lücken im Text mit den untenstehenden Wörtern

א. שלום! קוראים לי מָייקֶל! אני בֶּן חֲמִישִּׁים וְאַחַת. אני גר בְּאוֹסְטְרַלְיָה. יֵשׁ לִי חָבֵר, קוראים לוֹ דָנִיאֵל. הוּא מֵיִשְׂרָאֵל. יֵשׁ לָנוּ בַּיִת בְּאוֹסְטְרַלְיָה וְאֵין לָנוּ בַּיִת בְּיִשְׂרָאֵל.

ב. שלום! קוראים לי סטפני. אני בת אַרְבָּעִים וָשֵׁשׁ. אני גרה בְּלוֹנְדוֹן.
יש לי ___________, קוראים לו רוֹבֶּרְט. ___________ שְׁלוֹשָׁה יְלָדִים.
אין לנו כֶּלֶב. יֵשׁ לָנוּ בַּיִת גָּדוֹל וְיָפֶה.

ג. שלום! קוראים ___________ הילה! אני גרה _____ברלין. אני בת שלושים וארבע.
יש לי בת זוג, קוראים ___________ יוליה. ___________ חֲתוּלוֹת, קוֹרְאִים ___________ פְּרִידָה וְלוּסִי. ___________ בית קָטָן ויפה.

בּ / יש לנו / לה / יש לי / יש לי / בן זוג / לי / להן

10
קראו את הטקסט וענו על השאלות
Lest den Text und beantwortet die Fragen

נועה: **מיכל, יש לך את הספר הֶחָדָשׁ של אָלִיס מוּנְרוֹ?**
מיכל: **לא, אין לי, אולי לטום, בֶּן הַזּוּג שלי, יש.**
טום, יש לָךְ אולי את הספר הֶחָדָשׁ של אליס מונרו?
טום: **לא, אבל יש לי ספר יָשָׁן שֶׁלָּהּ.**
נועה: **קראתי כְּבָר את כּוּלָּם! אני רוצה לקרוא את החדש.**
מיכל: **אולי לאמא ואבא שלי יש את הספר.**
אמא ואבא, יש לכם את הספר החדש של אליס מונרו?
אמא ואבא של מיכל: **כן! יש לנו את הספר.**

א. מה אין לנועה? ___________
ב. למי יש את הספר החדש? ___________
ג. למי יש ספר ישן של אליס מונרו? ___________
ד. מה אין לטום? ___________
ה. מי זה טום? ___________

פעלים יוצאי־דופן בזמן הווה

Unregelmäßige Verben in der Gegenwart

Alle Verben, die im Präsens in der femininen Form konjugiert werden, enden nicht wie gewöhnlich auf ת. Stattdessen enden sie auf dem letzten Buchstaben des Shoresh, dem ה. Sie haben außerdem einen anderen Vokal nach dem zweiten Buchstaben des Shoresh, nämlich ָ anstatt das ֶ.

הפועל Das Verb	שורש Shoresh	נקבה יחיד Feminin Singular	זכר יחיד Maskulin Singular
trinken	ש.ת.ה	שותָה	שותֶה
sehen	ר.א.ה	רואָה	רואֶה
machen	ע.ש.ה	עושָה	עושֶה

Im Plural verschwindet das ה und die Pluralenden werden hinzugefügt.

הפועל Das Verb	שורש Shoresh	נקבה רבים Feminin Plural	זכר רבים Maskulin Plural
trinken	ש.ת.ה	שותות	שותים
sehen	ר.א.ה	רואות	רואים
machen	ע.ש.ה	עושות	עושים

Verben mit ו oder י in der Mitte des Shoresh werden ohne das ו oder י in der Gegenwart konjugiert.

הפועל Das Verb	שורש Shoresh	נקבה יחיד/רבים Feminin Singular / Plural Konjugation	זכר יחיד/רבים Maskulin Singular / Plural Konjugation
wohnen	ג.ו.ר	גרה / גרות	גר / גרים
singen	ש.י.ר	שרה / שרות	שר / שרים
kommen	ב.ו.א	באה / באות	בא / באים

11

תרגמו לעברית
Übersetzt ins Hebräische

A. Ich wohne in Tel Aviv.

____

B. Sie kommt nach London.

____

C. Wir trinken Kaffee.

____

D. Was macht er?

____

E. Sie sehen eine Katze!

____

F. Trinkt ihr ♀ Orangensaft?

____

G. Singst du ♂?

____

12

סמנו את הפועל בכל משפט וכתבו מה השורש
Markiert das Verb in jedem Satz und notiert den Shoresh

א. אני אוהב פיצה. א.ה.ב

ב. הילה קוראת ספר באנגלית. ____________

ג. מוחמד גר בברלין. ____________

ד. סטפני אוהבת קפה. ____________

ה. טום ואיבתיסם באים היום ללונדון. ____________

ו. בן הזוג שלי קונה לי מתנה. ____________

ז. אנחנו יודעים עברית. ____________

Willkommen bru-chot ha-ba-ot	ברוכות הַבָּאוֹת ♀
Willkommen bru-chim ha-ba-im	בְּרוּכִים הַבָּאִים ♂
alle ku-lam	כּוּלָם
Kunst o-ma-nut	אוֹמָנוּת
Mathematik ma-te-ma-ti-ka	מָתֶמָטִיקָה
Schule bejt se-fer	בֵּית סֵפֶר
Buch se-fer	סֵפֶר
Geschichte his-tor-ja	הִיסְטוֹרְיָה
aber a-wal	אֲבָל
Pizza pi-za	פִּיצָה
Freunde PL. cha-we-rim	חֲבֵרִים ♂
Arabisch a-ra-wit	עֲרָבִית
auch gam	גַּם
Kaffee ka-fe	קָפֶה
Zucker su-kar	סוּכָּר
Milch cha-law	חָלָב
Haus ba-it	בַּיִת
Partnerin bat-sug	בַּת זוּג ♀
Partner ben-sug	בֶּן זוּג ♂

Podcast podcast	פודקאסט
Katze cha-tul	חָתוּל
Hund ke-lew	כֶּלֶב
klein ka-tan	קָטָן
groß ga-dol	גָּדוֹל
viel har-be	הרבה
ein bisschen kzat	קצת
Orangensaft miz tapusim	מיץ תפוזים
neu cha-dash	חדש
alt ja-shan	ישן
Hausaufgaben shi-urej bait	שיעורי בית

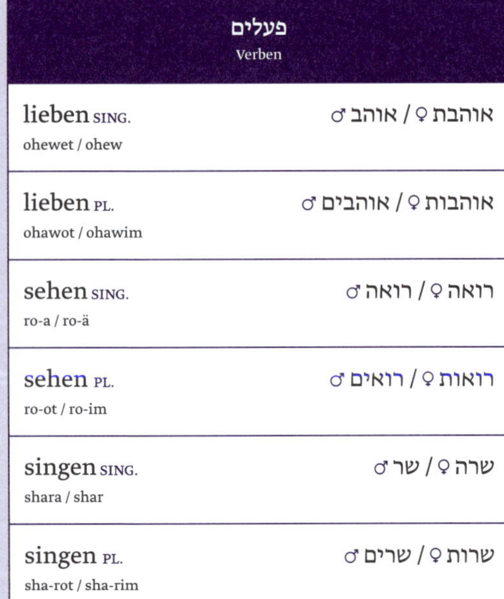

פעלים Verben	
lieben SING. ohewet / ohew	אוהבת ♀ / אוהב ♂
lieben PL. ohawot / ohawim	אוהבות ♀ / אוהבים ♂
sehen SING. ro-a / ro-ä	רואה ♀ / רואה ♂
sehen PL. ro-ot / ro-im	רואות ♀ / רואים ♂
singen SING. shara / shar	שרה ♀ / שר ♂
singen PL. sha-rot / sha-rim	שרות ♀ / שרים ♂

אני בבית, את בתל־אביב

Ich bin zuhause, du bist in Tel Aviv

אִיבְּתִיסָם לוֹמֶדֶת באוניברסיטה בְּיֶרוּשָׁלַיִם. אָחְרֵי הָלִימוּדִים הִיא עוֹבֶדֶת בָּסִפְרִיָּיה. הָשָׁבוּעַ הִיא טָסָה לֶפָּרִיז לֶחוּפְשָׁה. הִיא רוֹצָה לָטוּס גָּם לֶרוֹמָא.
נָתָן לוֹמֶד באוניברסיטה בתֶל־אָביב. הוּא אוֹהֶב לִלְמוֹד הִיסְטוֹרְיָה. הוּא עוֹבֶד בֶּבֵית־סֶפֶר כֶּמוֹרֶה להיסטוריה. היום הוּא טָס לֶאָרְצוֹת הָבְּרִית.
טום וסטפני לומדים אוֹמָנוּת באוניברסיטה בֶּחָיְפָה. הם אוֹהָבִים לִלְמוֹד עָל ההיסטוריה שֶׁל האומנות. הם רוֹצִים לָטוּס לֶפריז כֶּדֵי לִרְאוֹת אֶת הָתְמוּנָה הָמֶפוּרְסֶמֶת "הָמוֹנָה לִיזָה".

1 **ענו על השאלות**

Beantwortet die Fragen

א. עָל מָה טום אוהב ללמוד? ______________

ב. לֶאֵיפֹה סטפני רוצה לטוס? ______________

ג. לֶאָן איבתיסם רוצה לטוס? ______________

ד. אֵיפֹה איבתיסם עובדת אָחְרֵי הלימודים? ______________

ה. אֵיפֹה איבתיסם לומדת? ______________

מילות יחס Präpositionen	
von shel	שֶׁל
über / auf al	עַל
zu lä	לְ
in / bei be	בְּ
aus / von me	מֵ
mit im	עִם

תיאורי זמן - הווה Zeitbeschreibungen - Gegenwart	
heute ha-jom	הַיּוֹם
jetzt ach-shaw	עַכְשָׁיו
diese Woche ha-sha-wua	הַשָּׁבוּעַ
(da)nach achrej	אַחֲרֵי
(da)vor lifnej	לִפְנֵי

2

כתבו את משמעות מילת היחס במשפט לפניכן

Schreibt die Bedeutung der Präposition in die Lücken

א. איבתיסם היא **מ**רמאללה. היא לומדת באוניברסיטה **ב**ירושלים.

מרמאללה *aus* **ב**ירושלים ____________

ב. איבתיסאם טסה **ל**פריז. היא רוצה לטוס גם **ל**רומא

לפריז ____________ **ל**רומא ____________

ג. טום למד **עם** סטפני אומנות **ב**אוניברסיטה **ב**תל־אביב

עם ____________ **ב**אוניברסיטה ____________ **ב**תל־אביב ____________

 3

מתחו קו מתחת למילות היחס במשפטים שלפניכם

Unterstreicht die Präpositionen in den folgenden Sätzen

א. נתן הוא מחיפה.

ב. הוא לומד באוניברסיטה בתל־אביב.

ג. טום וסטפני אוהבים ללמוד על ההיסטוריה של האומנות.

ד. היום טום טס לפריז.

ה. טום לומד עם סטפני.

4

מלאו את מילות היחס הנכונות

Ergänzt die richtigen Präpositionen

א. בַּקָפִיטֶרְיָה בָּאוניברסיטה בַּתל־אביב.

ב. סְטוּדֶנְטִית ___אַרְצוֹת הַבְּרִית קוֹרֵאת ספר וְשׁוֹתָה קָפֶה.

ג. סטודנט ___צָרְפַת מְדַבֵּר _____ חבר _____ שִׁיעוּרֵי הבית ושותה מִיץ.

ד. סטודנטים ___רוּסְיָה קוראים מִכְתָבִים ___מוֹסְקְבָה ושותים מַיִם.

ה. סטודנטיות ___אַנְגְלִיָה כּוֹתְבוֹת מכתבים ___מִשְׁפָּחוֹת באנגליה ושותות יַיִן.

"ה" הידיעה

Der bestimmte Artikel

Der Buchstabe ה vor einem Substantiv ist ein bestimmter Artikel (der, die, das). Im Hebräischen steht der bestimmte Artikel ה unmittelbar vor einem Wort und wird zu einem Teil von ihm.

der Junge ha-jeled	הַיֶּלֶד
das Mädchen ha-jalda	הַיַּלְדָּה
das Haus ha-bait	הַבַּיִת
die Tür ha-delet	הַדֶּלֶת

נינה: אֶפְשָׁר בְּבַקָּשָׁה לֶחֶם, גְבִינָה וְחָלָב?

מוכרת: הִנֵּה הַלחם, הַגבינה וְהַחלב.

נינה: יש לָכֶם בִּירָה?

מוכרת: כֵּן, יש לנוּ בִּירָה. הַבירה שָׁם!

נינה: איפה הבירה?

מוכרת: הִנֵּה, הבירה פּה!

שם התואר
Das Adjektiv

Adjektive folgen auf Substantive. Dabei müssen beide in Genus (♀/♂) und Numerus (Singular/Plural) übereinstimmen.

	יחיד נקבה SING. ♀	יחיד זכר SING. ♂	רבים נקבה/זכר PL. ♀/♂
Substantiv	יַלְדָּה	יֶלֶד	יְלָדוֹת / יְלָדִים
Substantiv + Adjektiv	ילדה גְּדוֹלָה	ילד גָּדוֹל	ילדות גְּדוֹלוֹת / ילדים גְּדוֹלִים
Bestimmter Artikel + Adjektiv	הַילדה הַגדולה	הַילד הַגדול	הַילדות הַגדולות / הַילדים הַגדולים
Bestimmter Artikel + mehrere Adjektive	הַילדה הַגדולה וְהַנֶּחְמָדָה	הַילד הַגדול וְהַנֶּחְמָד	הַילדות הַגדולות וְהַנחמדות / הַילדים הַגדולים וְהַנחמדים

5 **בחרו את שמות התואר המתאימים**
Wählt die richtigen Adjektive

א. הבית ______ ו ______ [יפה, לבן / היפה, לבן / היפה, הלבן]

ב. בית־ספר ______ [הגדול / גדול / גדולה]

ג. הסטודנטים ______ והסטודנטיות ______ [הטובים, הטובות / טובים, טובות]

ד. אני קוראת ספר ______ [הטוב / טובים / טוב]

6 **כתבו את המשפטים הבאים עם ה' הידיעה**
Schreibt die folgenden Sätze mit bestimmtem Artikel

א. טובים / ה / תלמידים / ה   *התלמידים הטובים*

ב. באוניברסיטה / ה / בתל־אביב / חדשה / לומדות / סטודנטיות / הרבה

____

ג. ה / סטפני / מורה / חדשה / ה / של

____

כינויי רמז

Demonstrativpronomen

	יחיד SING.	רבים PL.
	Das ist ein Mädchen — זאת ילדה ♀ Das ist ein Junge — זה ילד ♂	Das sind Mädchen — אלו ילדות ♀ Das sind Jungen — אלה ילדים ♂
Demonstrativpronomen 3. Person	jenes Mädchen — הילדה ההיא	jene Mädchen — הילדות ההן
Demonstrativpronomen mit bestimmtem Artikel	Das ist das Mädchen — זאת הילדה	Das sind die Mädchen — אלו הילדות

 7

תרגמו לעברית

Übersetzt ins Hebräische

A. Das ist ein Mädchen.

____

E. Diese Ärztinnen ♀.

____

B. Das ist der Junge.

____

F. Diese Freunde ♂.

____

C. Das sind Studentinnen ♀.

____

G. Dieser Lehrer ♂.

____

D. Das sind die Lehrer ♂.

____

H. Dieses Restaurant.

____

מילות קישור עם "ה" הידיעה

Präpositionen mit bestimmten Artikeln

Die Präposition מֵ (von/aus) wird dem ה vorangestellt, wenn es um einen bestimmten Artikel geht.

Ich komme aus einem Haus ani ba me-bait	אָנִי בָּא מֵבָּית
Ich komme aus dem Zuhause ani ba me-ha-bait	אָנִי בָּא מֵהָבָּית

Die Präposition בֶּ wird nicht zu einem ה hinzugefügt. Stattdessen verändert sich der Vokal von בֶּ zu בָּ

Ich bin in einem Zuhause ani be-wait	אָנִי בֶּבָּית
Ich bin in dem Zuhause ani ba-bait	אני בָּבָּית

Ganz ähnlich wird auch die Präposition ל (zu/nach) nicht an das ה angehängt. Stattdessen ändert sich der Vokal von לֶ zu לָ.

Ich gehe zu einem Haus ani ho-le-chet le-bait	אָנִי הולכת לבית
Ich gehe zum Haus von Tom ani ho-le-chet la-bait shel Tom	אני הולכת לבית של טום

סמנו בעיגול את האפשרות הנכונה 8 

Markiert die korrekte Form

א. אני גר [בֶּ / בָּ] בית הקטן.

ב. התחלתי לעבוד [בֶּ / בָּ] משרד חדש.

ג. אחותי לומדת [בֶּ / בָּ] כִּיתָה הָגְדוֹלָה.

ד. המשפחה שלנו גרה [בֶּ / בָּ] דִירָה הָיָפָה.

ה. קניתי את הקפה [בֶּ / בֶּהָ / בַּ] אמריקה.

ו. נינה לומדת [בֶּ / בֶּהָ / בַּ] אוניברסיטה החדשה בחיפה.

9 **סמנו בעיגול את האפשרות הנכונה**
Markiert die korrekte Form

א. אני בָּאָה [מֵ / מֵהָ] מִשְׂרָד קָטָן.

ב. את באה [מֵ / מֵהָ] סֶרֶט הָטוֹב.

ג. אנחנו בָּאוֹת [מֵ / מֵהָ] מֶסִיבָּה הָגְדוֹלָה.

ד. הם בָּאִים [מֵ / מֵהָ] בַּיִת גָדוֹל.

10 **סמנו בעיגול את האפשרות הנכונה**
Markiert die korrekte Form

א. אני הוֹלֵךְ [לֶ / לָ] בית הקטן.

ב. את הוֹלֶכֶת [לֶ / לָ] מִסְעָדָה חֲדָשָׁה.

ג. אנחנו הוֹלְכִים [לֶ / לָ] בית־ספר.

ד. הן הוֹלְכוֹת [לֶ / לָ] תל־אביב.

11 **מלאו את שמות התואר בהטייה הנכונה**
Ergänzt die Adjektive in ihrer korrekten Form

א. אלו תלמידות לא

אלו תלמידות לא חדשות

ב. הם סטודנטים

____

ג. טום ומוחמד נהגים

____

ד. סטפני אישה

____

ה. את ילדה

____

ו. הוא מורה לא

____

שמות תואר: ~~חדשה~~ / ישנה / טובה / גדולה / חזקה / מצוינת (מצוין) / חכמה / נחמדה

שם הפועל

Infinitive

Der Infinitiv ist die Grundform des Verbs, die nicht durch Person, Numerus, Zeit und Modus näher bestimmt ist.

Der Infinitiv wird gebildet, indem dem Shoresh ein **ל** angefügt wird. Im Fall der Struktur, die wir im vorherigen Kapitel kennengelernt haben, wird der Buchstabe **ו** zwischen dem zweiten und dritten Buchstaben des Shoresh eingefügt.

schreiben lich-tow	לִכְתּוֹב כ.ת.ב

Modalverben (z.B. wollen) benötigen ein weiteres Verb (das Vollverb) im Infinitiv: **[Subjekt]** + **[konjugiertes Modalverb]** + **[Infinitiv]**

Ich will schreiben a-ni ro-ze lich-tow	אני רוצה לכתוב

 12

השלימו את הטבלה תוך שימוש ברשימת הפעלים בסוף הפרק הקודם

Vervollständigt die Tabelle mit den Verben aus dem letzten Kapitel

תרגום Übersetzung	משפטים עם פעלים ושמות פועל Sätze mit Verben und Infinitiven	שורש Shoresh	שם הפועל Der Infinitiv
studieren	Ich will studieren. אני רוצה ללמוד.	ל.מ.ד	ללמוד
lesen	Sie will lesen.	__.__.__	__קר__א
schreiben	Die Kinder lieben es, zu schreiben.	כ.ת.ב	_____
fahren	Die kleine Katze liebt es, nach London zu fahren.	__.__.__	לנסוע
denken	Der große Hund will denken.	ח.ש.ב	_____
hören	Die Ärztinnen lieben es, Musik zu hören.	__.__.__	לשמוע

מילת היחס אֶת

Die Präposition „et“

Die Präposition „et“ verbindet ein Verb mit einem Akkusativobjekt. „et“ steht direkt vor einem Objekt, wenn dieses bestimmt ist. Im Deutschen gibt es keine Entsprechung für „et“.

Beispiele: Ich will die Pizza; ich sehe den Film; ich liebe meine Mutter; ich unterrichte Hila (anstatt: eine Pizza, einen Film, eine Mutter, ein Mädchen)

Bestimmtes Objekt mit „et“		**Unbestimmte Objekte ohne „et“**	
Ich esse die Pizza	אני אוכלת את הפיצה	Ich esse eine Pizza	אני אוכלת פיצה
Ich gebe das Geschenk	אני נותנת את המתנה	Ich gebe ein Geschenk	אני נותנת מתנה
Ich höre das Flugzeug	אני שומעת את המטוס	Ich höre ein Flugzeug	אני שומעת מטוס

Bei Eigennamen (Hila, Yossi, Stephanie) entfällt der bestimmte Artikel ה - Namen gelten immer als bestimmt.

Jedes Substantiv mit dem Possessivpronomen „mein“ (meine Mutter, mein Hund) sind ebenso immer bestimmt.

Ich sehe Hila	אני רואה את הילה	Ich sehe eine Frau	אני רואה אישה
Ich liebe meine Mutter	אני אוהבת את אמא שלי	Ich liebe eine Mutter	אני אוהבת אמא

Einige Verben erfordern immer ein direktes Objekt. Andere Verben erfordern andere Informationen, die durch verschiedene Präpositionen angezeigt werden.

Beispiel: „sehen“ - wenn du etwas Bestimmtes oder jemanden Bestimmten siehst, braucht es ein „et“.

Ich schaue den Film an	אני רואה את הסרט	Ich schaue einen Film an	אני רואה סרט

13 **הוסיפו את המילה "את" כשצריך**
Fügt das Wort „et" hinzu, wenn es benötigt wird

א. אני אוהב ______ אמא שלי.

ב. אני רואה ______ הכלב שלי.

ג. אני אוכלת ______ פיצה.

ד. אני שומעת ______ הילדים.

ה. היא אוהבת ______ המכונית שלה.

ו. אני שומעת ______ ילדות.

ז. הוא אוהב ______ מְכוֹנִיוֹת.

ח. הוא רואה ______ כְּלָבִים גדולים.

ט. הוא אוכל ______ פיצה גדולה.

י. הוא שומע ______ המוזִיקָה.

14 **בחרו בין מילת היחס "את" למילות היחס: "ל" / "ב" / "על" / "עם"**
Wählt die richtige Präposition aus: „et", „le"/„la", „be"/„ba", „al", „im"

א. אני הולך [עִם / אֶת] אמא שלי [אֶת / לְ] בית־ספר.

ב. אנחנו אוהבים לאכול [אֶת ה־ / עִם] פיצה [עִם / אֶת / בְּ] אמא שלנו.

ג. הם נותנים [לְ / אֶת] המתנה [לְ / אֶת] אָבָּא שֶׁלָּהֶם.

ד. הן שומעות [אֶת / עִם] המוזיקה.

ה. דינה הולכת [לָ / אֶת / לְ] קולנוע לראות [אֶת / עִם] הסרט [אֶת / עִם] אמא שלה.

15 **מלאו את מילת היחס המתאימה: "בְּ" / "בָּ" / "מֶ" / "מֵהַ" / "לְ" / "לָ" / "על" / "של" / "את" / "עם"**
Ergänzt die richtige Präposition

א. נינה וטום באים ______ שיעור עברית ______ אוניברסיטה.

ב. אנחנו הולכים ______ יום־הולדת ______ סטפני.

ג. זֶה המַחְשֵׁב ______ המוֹרה.

ד. הילה מְחַכָּה ______ רוֹפְאָה.

ה. אנחנו אוהבים לדבר ______ פּוֹליטיקה.

ו. שאלתי ______ טום אם הוא רוצה ללכת ______ מוחמד לטיול.

כל / הכל

jedes / alles

Jeden Tag trinken Leute Kaffee kol jom	כֹּל יום אנשים שותים קפה
Den ganzen Tag trinke ich Kaffee kol ha-jom	כֹּל הַיום אני שותה קפה
Alle Leute trinken Kaffee kol ha-anashim	כֹּל הָאנשים שותים קפה
Ich will alles ha-kol	אני רוצה הַכֹּל!

16 

בחרו בין: "כל" / "כל ה" / "הכל"

Wählt zwischen „alle" / „jeden" / „alles"

א. [כל ה / כל / הכל] ילדים בכיתה.

ב. הילדים בכיתה [כל / כל ה / הכל] יום.

ג. הילדים אוהבים לאכול [כל / כל ה / הכל].

ד. [כל / כל ה / הכל] שנה יש לי יום־הולדת.

ה. [כל ה / כל / הכל] שבוע אני עובדת.

ו. [כל ה / כל / הכל] יפה בפריז.

ז. אני שותה קפה [כל / הכל] היום.

ח. אין לי את [כל / כל ה / הכל] יום!

אוצר מילים

schön	ja-fa	יָפָה ♀
schön	ja-fe	יָפֶה ♂
blau	ka-chol	כָּחוֹל
hoch	ga-wo-ha	גָּבוֹהַ
weiß	la-wan	לָבָן
Ärztin	ro-fa	רוֹפְאָה ♀
Arzt	ro-fe	רוֹפֵא ♂
Büro	mis-rad	מִשְׂרָד
Party	me-si-ba	מְסִיבָּה
Klasse / Klassenzimmer	ki-ta	כִּיתָּה
Wohnung	di-ra	דִּירָה
neu	cha-dash	חָדָשׁ
wollen	ro-ze	רוֹצֶה
brauchen	za-rich	צָרִיךְ
Frage	she-e-la	שְׁאֵלָה
Geschenk	ma-ta-na	מַתָּנָה
Flugzeug	ma-tos	מָטוֹס
Film	se-ret	סֶרֶט
Kino	kol-no-a	קוֹלְנוֹעַ

Paris	pa-ris	פָּרִיז
Rom	ro-ma	רוֹמָא
Ramalla	ra-ma-la	רָמַאלְלָה
USA	ar-zot ha-brit	אַרְצוֹת הַבְּרִית
England	an-gli-ja	אַנְגְלִיָּה
Russland	rus-ja	רוּסְיָה
Frankreich	zar-fat	צָרְפַת
fliegen	ta-sa / tass	טָסָה / טָס
Foto / Bild	tmu-na	תְּמוּנָה
berühmt	me-fur-se-met	מְפוּרְסֶמֶת ♀
wohin	le-ejfo, le-an	לְאֵיפֹה, לְאָן
heute	ha-jom	הַיּוֹם
jetzt	ach-shaw	עַכְשָׁיו
diese Woche	ha-sha-wu-a	הַשָּׁבוּעַ
(be)vor	lif-nej	לִפְנֵי
(da)nach	ach-rej	אַחְרֵי
Student	stu-dent	סְטוּדֶנְט
Brief	mich-taw	מִכְתָּב
Wein	ja-in	יַיִן

רק רגע!
מה למדנו עד עכשיו?

Moment mal! Was haben wir bis jetzt gelernt?

אוצר מילים בן 100 מילים! ו...

Einen Wortschatz von 100 Wörtern! Und ...

פרק א'

1. איך להציג את עצמנו.
   ... wie man sich vorstellt.
2. התחלת שיחה עם אדם חדש.
   ein Gespräch mit einer neuen Person beginnt.
3. לשאול ולענות על שאלות, כגון:
   מאיפה את/ה? מה את/ה עושה? איפה את/ה גר/ה?
   Fragen stellt und beantwortet wie:
   Woher kommst du? Was machst du? Wo wohnst du?

פרק ב'

1. מספרים מ־0 עד 100.
   die Zahlen von 0-100.
2. לשאול ולענות על השאלות:
   בן כמה את/ה? מה מספר הטלפון שלך?
   Fragen stellt und beantwortet wie:
   Wie alt bist du? Wie lautet deine Telefonnummer?

3. את כל שמות הגוף.
alle Personalpronomen.

4. סיומות שם עצם בנקבה וזכר, סיומות ביחיד ורבים.
Suffixe bei Substantiven im Femininum und Maskulinum, Suffixe im Singular und im Plural.

פרק ג'

1. פעלים בזמן הווה בבניין פעל.
לדוגמה: **אני כּוֹתֶבֶת / אתן כּוֹתְבוֹת**
Verben in der Gegenwart und die Struktur (Binjan) „Paal".

2. פעלים עם שורש יוצא־דופן המסתימים באות "ה".
לדוגמה: **אני עוֹשָׂה / אתן עוֹשׂוֹת**
unregelmäßige Verben, die mit dem Buchstaben „hej" enden.

3. פעלים עם שורש יוצא־דופן עם "ו" ו־"י" באמצע.
לדוגמה: **אני גָּרָה / אתן גָּרוֹת**
unregelmäßige Verben mit den Buchstaben „waw" oder „jod" in der Mitte des Shoresh.

4. סיומות לפי שמות הגוף השונים לאות היחס "ל" והמילים "יש" ו־"אין".
לדוגמה: **אִמָּא שֶׁלִּי / יֵשׁ לִי קָפֶה / אֵין לִי סוּכָּר**
Pronominalsuffixe und die Wörter "יש" (es gibt) und "אין" (es gibt nicht).

5. הביטוי "קוראים לי/לו".
לדוגמה: **קוֹרְאִים לִי הִילָה / קוֹרְאִים לוֹ טוֹם**
die Sätze „ich heiße", „er heißt".

פרק ד'

1. מילות היחס: שֶׁל, עָל, לְ, בְּ, מֶ, עִם.
die Präpositionen: von, über / auf, zu / nach, in, von / aus, mit.

2. שמות עצם מיודעים, שמות תואר, שמות תואר עם שמות עצם מיודעים.
לדוגמה: **יַלְדָּה / הַילדה / הַילדה הַגְּדוֹלָה**
bestimmte Artikel, Adjektive und Adjektive mit bestimmtem Artikel.

3. כינויי גוף.
לדוגמה: **הַיַּלְדָּה הַזּוּ / הַיְלָדוֹת הָאֵלּוּ**
Demonstrativpronomen.

4. מילות יחס עם שמות עצם מיודעים.
לדוגמה: **אני בַּבית / אני הולכת לַבית**
Präpositionen mit bestimmtem Artikel.

5. שם הפועל ויצירת משפטים עם שמות פועל.

לדוגמה: **אני רוֹצָה לֶאֱכוֹל**

den Infinitiv und das Bilden von Sätzen mit Verben und Infinitiven.

6. מילת היחס "אֶת".

לדוגמה: **אני אוֹהֶבֶת אֶת סטפני**

die Präposition „et".

7. שימוש במילים "כל", "כל ה" ו"הכל".

die richtige Verwendung von alle, alles und jede(r/s).

Jeden Tag trinken Menschen Kaffee kol jom	כֹּל יום אנשים שותים קפה
Ich trinke den ganzen Tag Kaffee kol ha-jom	כֹּל הַיום אני שותה קפה
Alle Menschen trinken Kaffee kol ha-anashim	כֹּל הָאנשים שותים קפה
Ich will alles hakol	אני רוצה הַכֹּל

תרגילי חיזוק לפרקים א׳-ד׳

Wiederholungsübungen der Kapitel 1-4

1 **תרגמו את השיחה הבאה**

Übersetzt das folgende Gespräch

נינה: שלום! אני נינה. מי אתה?

טום: היי נינה, נָעִים מְאוֹד! אני טום. מאיפה את?

נינה: אני מתל־אביב, ואתה?

טום: אני מְטוֹרוֹנְטוֹ. מה את עוֹשָׂה?

נינה: אני עובדת כְּמורה לְהיסטוריה בְּבית־ספר. מה אתה עוֹשֶׂה?

טום: אני לוֹמֵד אומנות בָּאוּנִיבֶרְסִיטָה בְּירושלים. בת כמה את?

נינה: אני בת שְׁלוֹשִׁים וְאַרְבַּע. בן כמה אתה?

טום: אני בן חֲמִישִּׁים וְתֵשַׁע. מה הטֶלֶפוֹן שלךָ?

נינה: הטלפון שלי הוא אֶפֶס חָמֵשׁ שָׁלוֹשׁ, שֶׁבַע, שֶׁבַע, תֵּשַׁע, שְׁתַּיִים, אַרְבַּע, אחת.

2

הפכו מיחיד לרבים או להפך, ותרגמו את המשפט לגרמנית
Ändert die Sätze vom Singular in den Plural und andersherum. Übersetzt dann ins Deutsche.

דוגמה:

הילדה הולכת לבית־הספר.

הילדות הולכות לבית־הספר.

א. **הילד אוכל** פיצה גדולה.

ב. **הילדות רוצות** לִשְתּוֹת קפה.

ג. **הרוֹפְאָה הנחמדה אוהבת** לִשְמוֹעַ מוּזִיקָה.

ד. **הסטודנטים** מֵאַרְצוֹת־הַבְּרִית **עושים** מְסִיבָּה.

ה. **המורה** לא **עובד** במשרד, **הוא עובד** בבית־ספר.

ו. **הילדים שותים** מיץ תפוזים, **הילדות שותות** קולה.

ז. **הסטודנטית צריכה** לעשות שִיעוּרֵי־בַּיִת.

ח. **הכלב לומד** אנגלית, **החתול לומד** רוסית, **אני לומדת** עברית, ו**המורה** שלי **לומדת** אנגלית.

3

בְּחֲרוּ אֶת הַהַטָיָיה הַנְכוֹנָה
Wählt die richtige Konjugation

א. איבתיסם [אוהב / אוהבת / אוהבים] ללמוד מתמטיקה.

ב. הילה וסטפני [רוצות / רוצים / רוצה / רוצה] לטוס לפריז.

ג. טום [אוכלת / אוכלים / אוכלות / אוכל] במסעדה עם חברים.

ד. יש לי חברים. [אלה / אלו / זה / זאת] החברים שלי.

ה. אין לי כלבים. [אלה / אלו / זאת / זה] החתולות שלי.

ו. [זה / זאת / אלה / אלו] מוחמד. יש [לו / לה / להם / להן] קפה.

ז. [אלו / אלה] ילדים. אין [לה / לו / להם / להן] ספר.

4

בחרו בין: "כל ה...", "הכל" או "כל"
Wählt aus zwischen „ganz", „alles", „alle" und „jede"

א. בישראל ____________ סגור ביום שבת.

ב. הילה וסטפני עושות ספורט ____________ יום.

ג. ביום שבת המשפחה שלי לא עושה כלום. אנחנו רואים טלוויזיה ____________ יום.

ד. - היי נינה! מה שלומך?

- ____________ מצוין!

ה. הפוליטיקאים עובדים ____________ יום ____________ היום. אבל עדיין אין שלום!

ו. אם ___ הפוליטיקאים היו פוליטיקאיות, אז אולי ____________ היה יותר טוב!

ז. אכלתי את ____________ פיצה.

ח. אני אכלתי ____________ ועכשיו אין בצלחת כלום.

ט. - איך את נוסעת לעבודה ____________ יום?

- אני נוסעת ברכבת, אבל אני לא עובדת ____________ יום.

י. אלה ____________ הילדים בבית ספר שלנו.

יא. אלו ____________ הילדות בכיתה הזו. בכיתה השנייה יש עוד ילדות.

יב. היא תלמידה טובה מאוד, היא יודעת ____________.

אבא במשרה מלאה

Vollzeitvater

שלום, שמי מִיכָאֶל. אני גר בְּבֶּרלין. אני בֶּן שלושים וְשבע וְיֶשׁ לִי שלושה ילדים בני תשעה חוֹדָשִׁים, שְׁנָתַיִים וָשֶׁבַע. שני בנים ובת. לבת־הזוג שלי קוראים קְלָאוּדְיָה, היא בת שלושים וחמש, והיא עוֹבֶדֶת בְּחֶבְרָה גְדוֹלָה מְאוֹד בְּמֶרְכָּז הָעִיר.

גָּם אני עָבַדְתִּי, אֲבָל כְּשֶׁאָדָם נוֹלָד רָצִיתִי לִהְיוֹת עִם הַבֵּן שֶׁלָּנוּ. אני אָמַרְתִּי שֶׁאֲנִי רוֹצֶה לְהִישָּׁאֵר בַּבַּיִת עִם הַתִּינוֹק. קלאודיה רָצְתָה לַעֲבוֹד. היא אָהֲבָה אֶת הָעֲבוֹדָה שֶׁלָּה. אני חָשַׁבְתִּי שֶׁזֶּה יוֹתֵר חָשׁוּב לְטַפֵּל בַּתִּינוֹק שֶׁלִּי.

שְׁבוּעַיִים אַחֲרֵי שֶׁאָדָם נוֹלָד קלאודיה חָזְרָה לַמִּשְׂרָד שֶׁלָּה, ואני יָצָאתִי לְשָׁנָה שֶׁל חוּפְשַׁת־לֵידָה. בְּגֶרְמַנְיָה גם גְּבָרִים וְגַם נָשִׁים יְכוֹלִים לְקַבֵּל כֶּסֶף כְּדֵי לִהְיוֹת עם הילדים הַקְּטַנִּים בַּבַּית.

כְּשֶׁאָדָם הָיָה בֶּן שָׁנָה, הוא הָלַךְ לַגַּן, ואני חָזַרְתִּי לַעֲבוֹד. לא עָבַדְתִּי בְּמִשְׂרָה מְלֵאָה, רַק בְּמִשְׂרָה חֶלְקִית: חֲמִישִּׁים אָחוּז. אַחֲרֵי שָׁנָה נוֹלְדָה גם לִילִי, ואני לָקַחְתִּי שׁוּב חוּפְשַׁת לֵידָה, וּמֵאָז אני בבית. יֵשׁ הַרְבֵּה דְּבָרִים שֶׁצָּרִיךְ לַעֲשׂוֹת בבית. לְגַדֵּל שלושה ילדים זוּ כְּבָר עבודה בְּמִשְׂרָה מְלֵאָה!

הרבה אֲנָשִׁים חָשְׁבוּ שזה מוּזָר, שאני, הגבר, נִשְׁאַרְתִּי בבית. הם אָמְרוּ שזה התַפְקִיד של האִישָׁה לְהִישָּׁאֵר בבית ולְטַפֵּל בילדים. אֲבָל אני וקלאודיה חוֹשְׁבִים שזה שְׁטוּיוֹת. מה שֶׁחָשׁוּב זה שאני אוֹהֵב את מה שֶׁאני עוֹשֶׂה כֹּל יוֹם.

1 **סדרו את המשפטים בסדר הנכון**

Ordnet die Sätze in der richtigen Reihenfolge an

א. אדם הָלַךְ לגן — א. ______________________

ב. התִינוֹק אדם נוֹלַד — ב. ______________________

ג. מִיכָאֵל עָבַד בחֶבְרָה גְדוֹלָה — ג. ______________________

ד. מיכאל יָצָא לחוּפְשַׁת־לֵידָה — ד. ______________________

הפועל בזמן עבר

Das Verb in der Vergangenheit

In der Vergangenheitsform hat jedes Pronomen nach dem Shoresh seine eigenen zusätzlichen Buchstaben; z.B. das Verb „schreiben", Shoresh: כ.ת.ב:

גוף Pronomen	עָבַר Vergangenheit	הסיומת לאחר השורש Suffixe nach dem Shoresh
אני	כָּתַבְתִּי	- - - תִי
אתה	כָּתַבְתָּ	- - - ת
את	כָּתַבְתְּ	- - - תְ
הוא	כָּתַב	- - -
היא	כָּתְבָה	- - - ה
אתם	כְּתַבְתֶּם	- - - תֶם
אתן	כְּתַבְתֶּן	- - - תֶן
הם	כָּתְבוּ	- - - וּ
הן	כָּתְבוּ	- - - וּ
אנחנו	כָּתַבְנוּ	- - - נוּ

2

בחרו את המילים המתאימות
Wählt die richtigen Wörter aus

שלום, שמי קלאודיה. אני גרה בברלין. אני ________ שלושים ושתים ויש לי ________ ילדים בני תשעה חודשים, שנתיים ושבע. שני בנים ובת. לבן־הזוג שלי קוראים ________, הוא ________ שלושים ושבע, והוא ________ עובד. הוא בבית עם ________ שלנו. אני רציתי לעבוד, והוא רצה להישאר בבית עם התינוק. אני אהבתי את העבודה ________. מיכאל חשב שזה יותר חשוב לטפל בתינוק.

לֹא / שְׁלוֹשָׁה / בַּת / מיכאל / שֶׁלִּי / הילדים / בֵּן

3

בְּחְרוּ אֶת הַהַטָיָיה הַנְּכוֹנָה
Wählt die richtige Konjugation

א. מיכאל [אהב / אהבתָ / אהבו] לטפל בילדים שלו.

ב. קלאודיה לא [יצאו / יצאתן / יצאה] לחופשת־לידה.

ג. הילדים של מיכאל [הלכתן / הלכו / הלכנו] לגן .

ד. מיכאל [חזרנו / חזרתן / חזר] לעבודה כשאדם [הלך / הלכה / הלכתי] לגן.

ה. מיכאל [עבדה / עבדתי / עבד] במשרה חלקית.

ו. אנחנו [עובדת / עבדו / עבדנו] במשרה מלאה, חמישה ימים בשבוע.

ז. אני [עבדתְ / עבדתי / עבדתָ] שנה שעברה במסעדה בתל־אביב.

4

הטו את הפועל לפי נושא המשפט
Konjugiert das Verb entsprechend dem Subjekt der Sätze

א. הילדים של מיכאל ________ [א.כ.ל] פיצה.

ב. היא ________ [ה.ל.ך] לְמִסְעָדָה עִם חֲבֵרִים.

ג. אנחנו ________ [ל.ק.ח] חוּפְשַׁת לֵידָה שָׁנָה שֶׁעָבְרָה.

ד. מיכאל לא ________ [ע.ב.ד] וקלאודיה ________ [ע.ב.ד] בְּמִשְׂרָה מְלֵאָה.

ה. אתם ________ [ח.ז.ר] לעבוד אתמול.

ו. את ________ [ל.מ.ד] לְדַבֵּר עֲרָבִית בבית הספר?

ז. איבתיסם ומיכל, אתן ________ [נ.ס.ע] לְלוֹנְדוֹן?

5

מלאו את החסר
Füllt die Lücken aus

שם הפועל Infinitiv	שורש Shoresh	אני ich	את du (♀)	אתן ihr (♀)	הן sie (♀ PL.)
לִלְמוֹד lernen	ל.מ.ד				
לִקְרוֹא lesen					
לִכְתּוֹב schreiben		כתבתי			
לִנְסוֹעַ fahren	נ.ס.ע				
לַחְשׁוֹב denken					
לִשְׁמוֹעַ hören					
לִמְצוֹא finden					
	ח.ז.ר				
לָקַחַת nehmen	ל.ק.ח				
לַעֲבוֹד arbeiten	ע.ב.ד				
לוֹמַר sagen	א.מ.ר	אמרתי			
לִהְיוֹת sein	ה.י.ה	הייתי	היית	הייתן	היו
לִרְצוֹת wollen	ר.צ.ה	רציתי	רצית	רציתן	רצו

6

תרגמו לעברית
Übersetzt ins Hebräische

A. Gestern bin ich ins Büro gegangen.

____

B. Du (♀) hast letzen Monat in Haifa gearbeitet.

____

C. Vor einer Stunde sind sie (♂) nach Jerusalem gefahren.

____

vergangenes Jahr shana she-aw-ra	שָׁנָה שֶׁעָבְרָה ♀
vergangene Woche sha-wu-a she-a-war	שָׁבוּעַ שעבר ♂
vergangenen Monat chodesh she-a-war	חוֹדֶש שעבר ♂
gestern et-mol	אתמול

צורת השניים
Die duale Form

In bestimmten Fällen (Zeit, Zahlen und Körperteile) hat die duale Form ein eindeutiges Suffix.

ein Jahr ♀ שָׁנָה sha-na zwei Jahre ♀ שְׁנָתַיִם shna-ta-im	eine Woche ♂ שָׁבוּעַ sha-wu-a zwei Wochen ♂ שְׁבוּעַיִם shwu-a-im
Tausche “ה” gegen “ת” und füge dann “יים” hinzu	Die Buchstaben “יים” werden am Wortende hinzugefügt.

 7

שנו מיחיד לצורת השניים ולהפך
Ändert den Singular in die Dualform und umgekehrt

א. שבוע ______

ב. אוזניים ______

ג. אלף ______

ד. יומיים ______

ה. חודשיים ______

ו. יד ______

ז. רגליים ______

ח. מאה ______

איברי גוף Körperteile	
Ohr / Ohren ♂ osen / os-na-im	אוזן / אוזניים
Bein / Beine ♂ re-gel / rag-la-im	רגל / רגליים
Hand / Hände ♂ jad / ja-da-im	יד / ידיים

זמן Zeit	
Woche / 2 Wochen sha-wu-a / shwu-a-im	שבוע / שבועיים
Monat / 2 Monate chodesh / chod-sha-im	חודש / חודשיים
Tag / 2 Tage jom / jo-ma-im	יום / יומיים
Stunde / 2 Stunden sha-a / she-a-ta-im	שעה / שעתיים
Jahr / 2 Jahre sha-na / shna-ta-im	שנה / שנתיים

מספרים מ־100 עד 1,000,000
Die Zahlen 100-1.000.000

100	me-a	מאה ♀
145	me-a arba-im we-chamesh	מאה ארבעים וחמש ♀
200	ma-ta-im	מאתיים ♀
300	shlosh me-ot	שלוש מאות ♀
1.000	elef	אֶלֶף ♂
1.892	elef shmone-meot tish-im we-shta-im	אלף שמונה־מאות תשעים ושתיים
2.000	al-pa-im	אלפַּיִים ♂
3.000	shloshet alafim	שלושת אלפים ♂
10.000	aseret alafim	עשרת אלפים
100.000	me-a elef	מאה אלף
470.001	arba meot shiw-im elef we-a-chat	ארבע מאות שבעים אלף ואחת
1.000.000	mil-jon	מיליון

8 **תרגמו לעברית**
Übersetzt ins Hebräische

A. Ich habe 700.000 Häuser. (jesh le + ani = li)

____

B. Es gibt im Krankenhaus 6.871 Ärztinnen ♀. (jesh be + hospital)

____

C. Es gibt 57.901 Kinder in der Schule.

____

D. 3.500.000 Frauen wohnen in Israel.

____

E. IKEA hat 963 Mitarbeiter.

____

F. 9.612 Kinder in dieser Schule lieben Pizza.

____

G. 400 Mädchen lieben Pizza, aber 257 Mädchen lieben Pizza nicht.

____

יֵשׁ בְּ / יֵשׁ לְ

Es gibt in / jemand hat

ACHTUNG! Um „haben“ auszudrücken, benutzen wir im Hebräischen “יש לְ” mit Pronominalsuffixen. Wörtlich übersetzt bedeutet es „es gibt in / für jemanden.“ Diese Konstruktion nutzen wir bei der Beschreibung von Personen, Gruppen oder auch Unternehmen.

Ich habe einen Kaffee jesh li ka-fe echad	יש לי קפה אחד
Sie hat einen Kaffee jesh la ka-fe echad	יש לה קפה אחד
Es gibt in der Schule 100 Kinder jesh be-bejt-hasefer me-a jeladim	יש בבית־הספר מאה ילדים
Es gibt bei IKEA / IKEA hat 500 Mitarbeiter jesh be-ikea chamesh meot owdim	יש באיקאה 500 עובדים

תארים השוואתיים

Steigerung der Adjektive

gut tow	טוב
besser tow joter / joter tow	טוב יותר / יותר טוב
sehr gut tow me-od	טוב מאוד
zu gut tow mi-dai	טוב מדי
am besten / beste ha-chi tow	הכי טוב

wirklich gut tow ma-mash	טוב ממש
ziemlich gut daj tow	די טוב
gut genug mas-pik tow	מספיק טוב
besonders gut tow bim-ju-chad	טוב במיוחד
so gut tow kol-kach / kol-kach tow	טוב כל כך / כל כך טוב

אני **יוֹתֵר** גדולה **מֵ**אחותי דנה. אח שלי, רועי, **יוֹתֵר** גדול **מֵ**אחותי ואני.
הוא הילד **הָכִי** גדול **מִ**כל הילדים.

נינה חכמה **מְאוֹד**. היא **יוֹתֵר** חכמה **מֵ**טום. טום **פָּחוֹת** חכם **מ**נינה. אבל הוא **מַסְפִּיק** חכם.

הגלידה הזו טובה **מַמָּשׁ**, אבל הקצפת מתוקה **מִדַּי**.

9 כתבו משפטים חדשים באמצעות המילים בטבלה
Schreibt neue Sätze mit den Wörtern aus der Tabelle

אדם / גוף Personal- oder Demonstrativpronomen	נושא Subjekt	שם תואר Adjektiv	תארים השוואתיים Steigerungsform des Adjektivs
זה / זאת / אלה / אלו	בית / בתים	טובה / טוב טובות / טובים	מאוד
הוא / אתה / אני את / היא	בית־ספר	גדולה / גדול גדולות / גדולים	יותר
אנחנו / הם / אתם אתן / הן	ילדה / ילד	קטנה / קטן קטנות / קטנים	מדי
סטפני / מיכל / איבתיסם	סטודנטית / סטודנט סטודנטיות / סטודנטים	יפה / יפה יפים / יפות	מספיק
טום / מוחמד / נתן	סרט / סרטים	חכמה / חכם חכמות / חכמים	די
	רופאה / רופא רופאות / רופאים	מיוחדת / מיוחד מיוחדות / מיוחדים	הכי
	מחשב / מחשבים	נחמדה / נחמד / ... / ...	במיוחד

דוגמאות:

היא הרופאה הכי טובה Sie ist die beste Ärztin

טום ומוחמד סטודנטים גדולים מאוד Tom und Mohammed sind sehr große Studenten

זה בית־ספר מיוחד מאוד Diese Schule ist sehr besonderes

א. ______________________

ב. ______________________

ג. ______________________

ד. ______________________

ה. ______________________

ו. ______________________

ז. ______________________

ח. ______________________

ט. ______________________

י. ______________________

לפני ש... / אחרי ש...

bevor, vor / nach, danach

לִפְנֵי שֶׁ (be)vor + Verb lifnej she	למדתי עברית לפני שֶׁהייתי בן 15.
לִפְנֵי (be)vor + Substantiv lifnej	לפני גיל 15 למדתי עברית.
אַחְרֵי שֶׁ (da)nach + Verb achrej she	נסעתי ללונדון אחרי שֶׁגרתי בירושלים.
אַחְרֵי (da)nach + Substantiv achrej	נסעתי ללונדון אחרי ירושלים.

10 **כתבו "לפני ש" / "לפני" / "אחרי ש" / "אחרי"**

Schreibt „bevor" / „vor" / „danach" / „nach"

א. טום היה בעבודה ___________ חנה.

ב. היא גרה בתל-אביב ___________ שהיא גרה בירושלים.

ג. כל יום ___________ ארוחת הבוקר אנחנו רצים ארבעה קילומטרים.

ד. ___________ שחזרתי מהמשרד הלכתי לישון.

ה. מה את עושה היום ___________ העבודה?

ו. ___________ באתי לבית ספר, שמעתי שהמורה לא באה.

ז. מה יותר טוב, ללכת לבית קפה ___________ או ___________ הסרט?

ח. ___________ שתיתי קפה, אכלתי ארוחת בוקר.

ואכלתי ארוחת בוקר ___________ שקמתי מהמיטה.

Partnerin ♀ bat sug	בת־זוג
Partner ♂ ben sug	בן־זוג
Unternehmen chew-ra	חברה
Zentrum mer-kas	מרכז
Stadt ir	עיר
Baby ti-nok	תינוק
wichtig cha-shuw	חשוב
kümmern / sorgen le-ta-pel	לטפל
Büro mis-rad	משרד
Elternzeit chuf-shat lej-da	חופשת־לידה
Deutschland ger-man-ja	גרמניה
Mann / Männer gewer / gwa-rim	גבר / גברים
Frau, Frauen i-sha / na-shim	אישה / נשים
um zu sein ke-dej li-hi-jot	כדי להיות
Garten / Kindergarten gan	גן
Vollzeitstelle misra me-le-a	משרה מלאה
Teilzeitstelle misra chel-kit	משרה חלקית
Prozent a-chus	אחוז
seit / seitdem me-as	מאז

vor, bevor lif-nej / lif-nej she	לפני / לפני ש
nach, danach ach-rej / ach-rej she	אחרי / אחרי ש
Schlagsahne ka-ze-fet	קצפת
seltsam mu-sar	מוזר
großziehen le-ga-del	לגדל
bleiben le-hi-sha-er	להישאר
Unsinn sh-tu-jot	שטויות
nur rak	רק
nochmal / wieder shuw	שוב
schon kwar	כבר
Leute a-na-shim	אנשים
alle kol	כל

פעלים
Verben

ich wollte ra-zi-ti	רציתי
ich bin rausgegangen / ging raus ja-za-ti	יצאתי
ich habe genommen / nahm la-kach-ti	לקחתי
ich bin zurückgekehrt / kehrte zurück cha-sar-ti	חזרתי
ich habe gearbeitet / arbeitete a-wa-de-ti	עבדתי

!

רק רגע!
מה למדנו בפרק ה'?

Moment mal! Was haben wir in Kapitel 5 gelernt?

1. אוצר מילים של 50 מילים חדשות!
אנחנו יודעים עכשיו 150 מילים, ו־20 פעלים.
50 neue Vokabeln. Jetzt kennen wir 150 Wörter und 20 Verben.

2. הטיות פעלים בזמן עבר. לדוגמה: **כָּתַבְתִּי, כָּתַבְנוּ...**
Die Konjugation von Verben in der Vergangenheit.

3. צורת השניים. לדוגמה: **שְׁבוּעַיִים, שְׁנָתַיִים...**
Die Dualform.

4. מספרים מ־100 עד 1,000,000.
לדוגמה: **אֶלֶף, עֲשֶׂרֶת־אֲלָפִים, מֵאָה־אֶלֶף, מִילְיוֹן...**
Die Zahlen von 100 bis 1.000.000.

5. תארים השוואתיים.
לדוגמה: **טוֹב מְאוֹד, טוב מִדַּי, יוֹתֵר טוב, הֲכִי טוב...**
Die Steigerungsformen von Adjektiven.

6. למדנו שאחרי **לפני שֶׁ** ו־**אחרי שֶׁ** יבוא פועל, ואילו אחרי **לפני** ו־**אחרי** יבוא שם עצם
Wir haben gelernt, dass auf „lifnej she" und „achrej she" ein Verb folgt, während auf die Wörter „lifnej" und „achrej" immer ein Substantiv folgt.

תרגילי חיזוק לפרק ה׳

Wiederholungsübung Kapitel 5

1 **תרגמו את השיחה הבאה**

Übersetzt die folgende Unterhaltung

סטפני: יש לי שלושה ילדים, ואני עובדת במשרה מלאה.

איבתיסם: לי אין ילדים, ואני עובדת במשרה חלקית.

טום: יש לי ילד אחד, ואני לקחתי חופשת לידה.

סטפני: חופשת לידה זה טוב מאוד! אני גם לקחתי חופשת לידה שנה שעברה.

איבתיסם: אבל ילדים זה טוב או לא טוב?

טום: זאת שאלה טובה! אני לא יודע. זה תלוי את מי שואלים...

איבתיסם: יותר טוב אם אין ילדים!

סטפני: לפעמים שלושה ילדים זה הכי טוב, לפעמים שלושה ילדים זה יותר מדי...

2 **בחרו את שם הפועל המתאים**

Wählt den richtigen Infinitiv aus

א. נתן רוצה [לטוס / לחשוב / לאכול] לפריז

ב. טום ומוחמד רצו [ללכת / לקרוא / לאכול] את הפיצה הכי טובה ברמאללה

ג. היא אהבה [לראות / לכתוב / ללמוד] על ההיסטוריה של אנגליה

ד. הן צריכות [ללכת / לשמוע / למצוא] למסעדה חדשה גדולה

3

שנו את המשפטים מהווה לעבר ולהפך

Ändert die Sätze in der Gegenwart in die Vergangenheit und umgekehrt

א. מיכאל **לוקח** חופשת־לידה.

____

ב. קלאודיה לא **לקחה** חופשת־לידה.

____

ג. טום וסטפני **נוסעים** לאנגליה **היום**.

____

ד. הסטודנטיות **למדו** לדבר עברית **שבוע שעבר**.

____

ה. הן **אומרות** לסטפני שיש להן מיליון דולר.

____

ו. את **חשבת** שיש לאיקאה שלוש מאות חמישים ושניים שולחנות,
אבל לאיקאה יש רק מאה שלושים ואחד שולחנות.

____

____

ז. לפני שהילה **רוצה** לאכול גלידה, היא **רואה** את טום ברחוב.

____

ח. כל יום שלישי סטפני **עושה** ספורט.

____

4

השלימו את המילים מהמחסן

Ergänzt die Lücken mit den untenstehenden Wörtern

איבתיסם היא סטודנטית. היא __________ באוניברסיטה בירושלים. בבוקר היא
__________ ברגל לאוניברסיטה. בצהריים היא __________ בספרייה. שם היא
__________ ספרים טובים מאוד. אחרי הצהריים היא צריכה __________ לעבודה.
אתמול היא לא __________ לעבודה כי אתמול __________ יום שבת.
אתמול אבתיסם __________ פיצה ו __________ על חופשה בפריז.

לומדת / קוראת / הולכת / יושבת / ללכת / חשבה / היה / אכלה / הלכה

תרגמו לעברית 5
Übersetzt ins Hebräische

A. Vor zwei Wochen habe ich das größte Buch auf Hebräisch gelesen.

____

B. Vor zwei Jahren hat sie eine sehr gute Pizza gegessen.

____

C. Vor zwei Monaten haben wir einen ziemlich guten Film gesehen.

____

D. Vor zwei Tagen hat er einen neuen Hund mitgenommen.

____

E. Ihr dachtet gestern, dass dieses Restaurant zu speziell ist.

____

F. Letztes Jahr wolltet ihr (♀) nach England fliegen.

____

G. Letzte Woche haben sie 187 Stunden gearbeitet.

____

H. Heute arbeiten sie in 25.900 Häusern.

____

I. Sie hat letzte Woche auf Hebräisch „Ich liebe dich“ zu Hila gesagt.

____

J. Wir haben zu Stephanie gesagt: „Wir haben keine Kinder.“

____

K. Mein Vater hat den ganzen Tag auf dem Sofa ein Buch gelesen.

____

L. Bevor ich lesen gelernt habe, bin ich durch ganz Europa gereist.

____

M. Jedes Jahr hat meine Mutter uns an unserem Geburtstag in ein schönes Restaurant mitgenommen.

____

____

השבוע של שירה

Shiras Woche

ביום רִאשׁוֹן שִׁירה **קָמָה** בשעה שבע וָחֵצִי בבוקר. היא **עָשְׂתָה** קְצָת סְפּוֹרְט ואז היא **הָלְכָה** לַמִשְׂרָד. בדֶרֶך, היא **קָנְתָה** קפה וסֶנְדְוִויץ' עם חָבִיתָה וּגְבִינָה צְהוּבָּה.

ביום שֵׁנִי שירה קמה בשעה שמונה וָרֶבַע. היא **רָאֲתָה** חֲדָשׁוֹת בטלוויזיה **וְאָכְלָה** אֲרוּחָת בוקר בבית. בהַפְסָקָה היא **רָצָה** ארבעים וחמש דקות **וְשָׁתְתָה** מיץ תַפּוּחִים.

ביום שְׁלִישִׁי שירה לא קמה מוּקְדָם. היא **יָשְׁנָה** עד השעה עשר וחמישה. היא **בָּאָה** לעבודה מְאוּחָר מאוד.

ביום רְבִיעִי שירה **נָסְעָה** לעבודה באוֹטוֹבּוּס, היא **הָיְיתָה** עֲיֵיפָה. בצָהֳרַיִים היא פָּגְשָׁה חָבֵרָה והן **שָׁתוּ** בְּיַחַד מיץ תפוזים **וְאָכְלוּ** סנדוויצ'ים. הן **רָאוּ** את הצִיפּוֹרִים בפָּארְק והן **קָנוּ** עוּגִיוֹת עם שׁוֹקוֹלָד.

ביום חָמִישִׁי, שִׁישִׁי וּשַׁבָּת שירה לא **עָבְדָה**. היא **נָסְעָה** לטייל עם חברות.

מה שירה עשתה בכל יום? בחרו פעולה אחת ליום 1

Was hat Shira an jedem Tag gemacht? Wählt eine Aktivität pro Tag aus

א. ביום שבת שירה ______________________

ב. ביום רביעי שירה ______________________

ג. ביום שלישי שירה ______________________

ד. ביום ראשון שירה ______________________

קבוצה א': פעלים יוצאי־דופן בזמן עבר

Gruppe A: Unregelmäßige Verben in der Vergangenheit

Gruppe A sind Verben, die auf **ה** enden. Ähnlich wie in der Gegenwart sind alle Verben, die auf **ה** enden, unregelmäßig. Die Konjugation dieser Verben in der Vergangenheit funktioniert nach folgendem Schema.
z.B. das Verb „sehen", Shoresh: ר.א.ה:

הטיית פעלים רגילים Konjugation (regelmäßige Verben)	השינוי Die Änderung	הטיית פעלים המסתיימים באות "ה" Konjugation (Verben mit ה am Ende)	גוף Pronomen
ka-taw-ti כתבתי	Der dritte Buchstabe des Shoresh, das "ה" wird zu "י". Der Vokal unter dem zweiten Buchstaben des Shoresh ändert sich entsprechend.	ra-i-ti ראיתי	אני
ka-taw-ta כתבת	genauso	ra-i-ta ראית	אתה
ka-tawt כתבת	genauso	ra-it ראית	את
ka-taw כתב	Keine Änderung, da es beim Shoresh kein Suffix gibt.	ra-a ראה	הוא
kat-wa כתבה	Das "י" wird zum "ת", da es keine zwei „hej" geben kann.	ra-a-ta ראתה	היא
ka-taw-tem כתבתם	"ה" wird "י" so wie im Singular.	ra-i-tem ראיתם	אתם
ka-taw-ten כתבתן	genauso	ra-i-ten ראיתן	אתן
kat-wu כתבו	Das "ה" verschwindet ("ה" kann nicht vor "ו" stehen).	ra-u ראו	הם
kat-wu כתבו	genauso	ra-u ראו	הן
ka-taw-nu כתבנו	"ה" wird wieder "י".	ra-i-nu ראינו	אנחנו

Häufig verwendete Verben:

kaufen	ק.נ.ה לקנות
einen Fehler machen	ט.ע.ה לטעות
weinen	ב.כ.ה לבכות
backen	א.פ.ה לאפות

machen	ע.ש.ה לעשות
trinken	ש.ת.ה לשתות
bauen	ב.נ.ה לבנות
wollen	ר.צ.ה לרצות

Wochentage Ordnungszahlen ♂	
Sonntag jom ri-shon	יום ראשון
Montag jom she-ni	יום שני
Dienstag jom shli-shi	יום שלישי
Mittwoch jom re-wi-i	יום רביעי
Donnerstag jom cha-mi-shi	יום חמישי
Freitag jom shi-shi	יום שישי
Samstag jom sha-bat	יום שבת

2

בחרו את מילות היחס המתאימות

Wählt die richtige Präposition aus

א. ביום ראשון שירה קמה [ב / ל / מ] 7 בבוקר.

ב. היא הלכה [ב / ל / את] משרד בשעה 8.

ג. אני נסעתי [מ / ל / ב] הבית [עם / מ / ל] עבודה [עם / מ / ל] רכבת.

ד. אני קניתי [עם / את / ל] הקפה, שירה קנתה [את / ל / ב] הסנדוויץ'.

ה. ראינו [ב / ל / את] הציפורים [ב / ל / את] פארק.

ו. ביום שני ראיתי חדשות [עם / את / ב] טלוויזיה.

ז. ביום שלישי הוא אכל ארוחת בוקר [ב / ל / מ] בית.

ח. ביום רביעי אנחנו נסענו לטייל [את / ל / עם] חברות.

ט. ביום שבת אני לא הולכת [ל / עם / את] עבודה.

י. בכל יום רביעי אני שומעת [את / ב] המוזיקה [את / של / עם] אח שלי.

3

פעלים בקבוצה א': הטו את הפעלים בזמן עבר

Verben der Gruppe A: Konjugiert die Verben in der Vergangenheit

א. אני ____________ [ר.צ.ה] לאכול במסעדה הזאת!

ב. אתה ____________ [ק.נ.ה] טלוויזיה אתמול?

ג. טום ____________ [ר.א.ה] את הציפורים בפארק ביום שבת?

ד. הילה ____________ [ב.נ.ה] בית חדש.

ה. אתם ____________ [ע.ש.ה] מסיבה שבוע שעבר?

ו. אתן ____________ [ש.ת.ה] קפה או קוקה־קולה אתמול?

ז. טום ונתן ____________ [א.פ.ה] עוגה לכבוד יום ההולדת שלי.

ח. מיכל ונינה ____________ [ב.כ.ה] כל היום, אבל אני לא ____________ [ב.כ.ה].

ט. אנחנו ____________ [ט.ע.ה] טעות גדולה מאוד.

י. כל שבוע שעבר היא ______ [ר.א.ה] סרטים בקולנוע.

יא. במסיבת יום־ההולדת שלי כולם ____________ [ר.צ.ה] לאכול חומוס ורק אני ____________ [ר.צ.ה] לאכול עוגה.

קבוצה ב': פעלים יוצאי־דופן בזמן עבר

Gruppe B: Unregelmäßige Verben in der Vergangenheit

Gruppe B sind Verben mit י oder ו in der Mitte des Shoresh. Diese Verben werden ohne י oder ו in der Vergangenheit konjugiert.

* Die Konjugation der 3. Person Singular („er“ und „sie“) ist in der Gegenwart und in der Vergangenheit gleich. Die tatsächliche Zeitform lässt sich vom Kontext ablesen.

הטיית פעלים רגילים Regelmäßige Verben in der Vergangenheit	קבוצה ב': זמן עבר Gruppe B: Vergangenheit	קבוצה ב': זמן הווה Gruppe B: Gegenwart	גוף Pronomen
ka-taw-ti כתבתי	gar-ti גרתי	גר	אני
ka-taw-ta כתבת	gar-ta גרת	גר	אתה
ka-tawt כתבת	gart גרת	גרה	את
ka-taw כתב	gar גר	גר	הוא
kat-wa כתבה	ga-ra גרה	גרה	היא
ka-taw-tem כתבתם	gar-tem גרתם	גרים	אתם
ka-taw-ten כתבתן	gar-ten גרתן	גרות	אתן
kat-wu כתבו	ga-ru גרו	גרים	הם
kat-wu כתבו	ga-ru גרו	גרות	הן
ka-taw-nu כתבנו	gar-nu גרנו	גרים	אנחנו

Häufig verwendete Verben:

bewegen	לזוז ז.ו.ז	wohnen	לגור ג.ו.ר
singen	לשיר ש.י.ר	kommen	לבוא ב.ו.א
fliegen	לטוס ט.ו.ס	aufstehen	לקום ק.ו.ם
ausruhen	לנוח נ.ו.ח	rennen / joggen	לרוץ ר.ו.צ

4 פעלים בקבוצה ב': הטו את הפעלים בזמן עבר

Verben der Gruppe B: Konjugiert die Verben in der Vergangenheit

א. אני __________ [ג.ו.ר] בלונדון שנה שעברה.

ב. אתה __________ [ק.ו.ם] אתמול בשעה 7 וחצי בבוקר?

ג. טום __________ [ר.ו.ץ] חמישה קילומטרים שבוע שעבר.

ד. הילה __________ [ש.י.ר] שיר חדש.

ה. מתי אתם __________ [ב.ו.א] לתל־אביב?

ו. אתן __________ [ז.ו.ז] כל הזמן, מתל־אביב לירושלים, מירושלים ללונדון, מלונדון לניו־יורק...

ז. טום ונתן __________ [ט.ו.ס] בשנה שעברה גם לפריז וגם לשטוקהולם, ואני __________ [ט.ו.ס] רק ללונדון.

ח. כשמיכל ונינה __________ [ג.ו.ר] בתל־אביב ו__________ [ע.ב.ד] בירושלים, הן __________ [ק.ו.ם] כל יום בשעה 6 בבוקר כדי לנסוע לירושלים.

ט. אנחנו __________ [ר.ו.ץ] ארבעים קילומטר במרתון האחרון!

מה השעה?

Wie spät ist es?

5 **מה השעה?**

Wie spät ist es?

א. 01:40 אחת וארבעים

ב. 03:10 שלוש ועשרה או שלוש ועשר דקות

ג. 05:15 ____________ או ____________

ד. 06:20 ____________

ה. 19:25 ____________

ו. 20:30 ____________ או ____________

ז. 21:35 ____________

ח. 22:40 ____________

ט. 23:45 ____________ או ____________

י. 00:50 ____________

יא. 14:55 ____________

6 **תרגמו לעברית, שימו לב לפעלים בזמן עבר**

Übersetzt ins Hebräische, beachtet, wenn die Verben in der Vergangenheit sind

A. Ich mache am Sonntag um 17:15 Uhr Sport.

____

B. Jeden Montag um 9:45 Uhr jogge ich zur Arbeit.

____

C. Letzten Dienstag bin ich um 6:35 Uhr aufgestanden.

____

D. Gestern habe ich um 10 Uhr Orangensaft getrunken, um 18 Uhr bin ich nach Hause gekommen und um 22 Uhr abends habe ich ferngesehen.

____

____

____

E. Letztes Jahr haben sie in Tel Aviv gewohnt, jetzt wohnen sie in Jerusalem.

____

מספרים: זכר ונקבה

Zahlen: Feminin und Maskulin

Im Hebräischen gibt es alle Zahlen in zwei Geschlechtern: Femininum und Maskulinum. Beim Zählen verwenden wir die weiblichen Zahlen. Wenn wir jedoch bestimmte Subjekte / Objekte zählen, passt sich die Zahl dem Genus des Subjekts / Objekts an:

♂	♀
ילד אחד	ילדה אחת
שני ילדים	שתי ילדות
שלושה ילדים	שלוש ילדות

Grundregeln

- Beim Zählen eines Objekts folgt die Nummer auf das Objekt.
- Beim Zählen von 2 Objekten gibt es eine eindeutige Form für „zwei“, שְׁנֵי in der weiblichen Form und שְׁתֵי in der männlichen.
- Wenn 2 oder mehr Objekte gezählt werden, steht die Nummer vor dem Objekt.

♂ + עשר	♀ + עשר	♂	♀
אחד עשר	אחת עשרה	אחד	אחת
שנים עשר	שתים עשרה	שניים	שתיים
שלושה עשר	שלוש עשרה	שלושה	שלוש
ארבעה עשר	ארבע עשרה	ארבעה	ארבע
חמישה עשר	חמש עשרה	חמישה	חמש
ששה עשר	שש עשרה	שישה	שש
שבעה עשר	שבע עשרה	שבעה	שבע
שמונָה עשר	שמונֶה עשרה	שמונָה	שמונֶה
תשעה עשר	תשע עשרה	תשעה	תשע
עשר a-sar	עשר es-re	עשרה a-sa-ra	עשר e-ser

 7

הקיפו בעיגול את המספר בהתאם לנושא המשפט

Markiert die richtige Zahl und beachtet dabei das Subjekt des Satzes

א. ראיתי [שלושה / שלוש] חברים.

ב. נתן בנה [שמונה / שמונה] בתים.

ג. יש בבית ספר [עשרים ושלוש / עשרים ושלושה] ילדות.

ד. הילה קראה [אחד עשרה / אחד עשר] ספרים.

ה. בתל־אביב יש [שתי / שני] מסעדות מצויינות.

ו. בירושלים יש [עשרה / עשר] מסעדות טובות מאוד.

ז. יש לי [חמישה עשר / חמש עשרה] שקלים.

ח. אני רציתי [שתי / שני] חתולות, אבל יש לי רק חתולה [אחת / אחת].

ט. בבית ספר יש מורֶה [אחד / אחת] ו [שלושים וארבעה / שלושים וארבע] ילדים.

 8

תרגמו וכתבו את המספר בצורתו הנכונה

Übersetzt und schreibt die Zahl in der richtigen Form

A. Es gibt zwei Universitäten in Tel Aviv.

____

B. Ich habe drei Ärzte und sieben Ärztinnen gesehen.

____

C. Ich habe gestern 18 Pizzas gegessen.

____

D. Wir haben 25 große Hunde.

____

E. Sie hat 102 schöne Fotos.

____

F. Mein Haus hat eine blaue Tür.

____

G. Er arbeitete in zwei Büros in Jerusalem.

____

מספר סידורי

Ordnungszahlen - Feminin und Maskulin

Kommt es bei der Zählung von Objekten auf die Reihenfolge an, nutzen wir die Ordnungszahlen (erster, zweiter, dritter ...). Diese gibt es ebenfalls in einer maskulinen und einer femininen Form.

Sie folgen dem Genus des Objekts, das sie beschreiben. Das Gleiche haben wir am Anfang dieses Kapitels bei den Wochentagen gesehen. Ein Tag ("jom") auf Hebräisch ist ein maskulines Substantiv, daher erhalten die Wochentage maskuline Ordnungszahlen.

♀ # Zahl	♀ Objekt	♂ # Zahl	♂ Objekt
ראשונה	קומה	ראשון	יום
שנייה	דירה	שני	בית
שלישית	ילדה	שלישי	ילד
רביעית	שנה	רביעי	שבוע
חמישית	שעה	חמישי	חודש
שישית	פיצה	שישי	קפה
שביעית	מסעדה	שביעי	שקל
שמינית	רופאה	שמיני	רופא
תשיעית	עִיר	תשיעי	נהג
עשירית	מְדִינָה	עשירי	סרט

כתבו את המספר הסידורי בהתאם לנושא 9

Notiert die Ordnungszahl entsprechend dem Substantiv

א. לרופאה ____________ [9] בבית־החולים קוראים יעל.

ב. פוליטיקאי ____________ [2].

ג. השבוע ____________ [4] בחודש.

ד. בית־ספר ____________ [10].

ה. תל־אביב היא ____________ [2] בגודלה בישראל.

10

תרגמו לעברית
Übersetzt ins Hebräische

A. Ich wohne im zweiten Stock.

B. Das ist mein zweites Haus.

C. Das ist mein viertes Jahr an der Universität.

D. Das ist meine dritte Woche auf der Arbeit.

E. Ich fliege am Mittwoch (dem vierten Tag) nach Israel.

F. Sie ist am Donnerstag nach London geflogen.

G. Wir haben am Samstag Kaffee gekauft. Samstag ist der siebte Tag der Woche.

11

תרגמו לעברית. שימו לב מתי צריך להשתמש במספר סידורי ומתי במספר רגיל
Übersetzt. Achtet darauf, wann eine Ordnungszahl verwendet werden muss und wann eine reguläre Zahl

A. Ich habe heute fünf Tassen Kaffee getrunken.

B. Ich habe den sechsten Jungen gesehen.

C. Ich bin heute eine Stunde gejoggt.

D. Ich habe im ersten Stockwerk gewohnt.

E. Ich wollte am Donnerstag 18 Gläser Wasser trinken.

אוצר מילים 

Keks	u-gi-a	עוגיה
Schokolade	sho-ko-lad	שוקולד
Geburtstag	jom hu-le-det	יום הולדת
Kilometer	kilometer	קילומטר
Lied	shir	שיר
Stockholm	stok-holm	שטוקהולם
Marathon	ma-ra-ton	מרתון
Letzte	a-cha-ron	אחרון
Viertel vor	re-wa le	רבע ל
Viertel nach	wa-re-wa	ורבע
(und) halb	wa-che-zi	וחצי
Bett	mi-ta	מיטה
Stockwerk	ko-ma	קומה
Arbeit / Arbeitsplatz	a-wo-da	עבודה
Glas	kos	כוס
ein bisschen	kzat	קצת
Zug	ra-ke-wet	רכבת
Staat	me-di-na	מדינה
Stadt	ir	עיר
Sport	sport	ספורט
Weg	de-rech	דרך
Sandwich	send-witsh	סנדביץ'
Omelette	cha-wi-ta	חביתה
Käse	gwi-na	גבינה
Cheddar (u. ä.)	gwi-na ze-hu-ba	גבינה צהובה
Frühstück	a-ru-chat bo-ker	ארוחת בוקר
Nachrichten	cha-da-shot	חדשות
Fernsehen	te-le-wis-ja	טלויזיה
Pause	haf-sa-ka	הפסקה
Apfel	ta-pu-ach	תפוח
Apfelsaft	miz ta-pu-chim	מיץ תפוחים
früh	muk-dam	מוקדם
spät	me-u-char	מאוחר
Bus	o-to-bus	אוטובוס
Park	park	פארק
müde	a-jef / a-je-fa	עייף / עייפה
glücklich	sa-mech / sme-cha	שמח / שמחה
Vogel	zi-por	ציפור

אוצר מילים 

ימות השבוע Wochentage	
Sonntag jom rishon	יום ראשון
Montag jom sheni	יום שני
Dienstag jom shlishi	יום שלישי
Mittwoch jom rewi-i	יום רביעי
Donnerstag jom chamishi	יום חמישי
Freitag jom shishi	יום שישי
Samstag jom shabat	יום שבת

פעלים: קבוצה א׳ (״ו״ או ״י״ באמצע) Verben: Gruppe A (mit „waw" oder „jod" in der Mitte des Shoresh)	
wohnen lagur	לגור
kommen lawo	לבוא
aufstehen lakum	לקום
rennen / joggen laruz	לרוץ
bewegen lasus	לזוז
singen lashir	לשיר
fliegen latus	לטוס
spazieren / wandern letajel	לטייל

צבעים Farben	
blau ka-chol	כחול
rot a-dom	אדום
gelb za-how	צהוב
orange ka-tom	כתום
rosa wa-rod	ורוד
lila sa-gol	סגול
grün ja-rok	ירוק
schwartz sha-chor	שחור
weiß la-wan	לבן

פעלים: קבוצה ב׳ (״ה״ בסוף) Verben: Gruppe B (mit „hej" am Ende)	
sehen lir-ot	לראות
kaufen li-knot	לקנות
wollen lir-zot	לרצות
bauen liw-not	לבנות
trinken lishtot	לשתות
machen la-a-sot	לעשות
backen le-e-fot	לאפות
weinen liwkot	לבכות

רק רגע!
מה למדנו בפרק ו'?

Moment mal! Was haben wir in Kapitel 6 gelernt?

1. אוצר מילים של 50 מילים חדשות ו־15 פעלים חדשים!
אנחנו יודעים עכשיו 250 מילים!
Ein Wortschatz von 50 neuen Wörtern und 15 neue Verben. Wir kennen jetzt 250 Wörter.

2. ימי השבוע. לדוגמה: **ראשון, שני, שלישי...**
Die Wochentage.

3. פעלים יוצאי־דופן בזמן עבר. לדוגמה: **רציתי, באתי, קמתי...**
Unregelmäßige Verben in der Vergangenheit.

4. לקרוא שעון ולדעת מה השעה.
לדוגמה: **8:15 שמונה ורבע, 9:30 תשע וחצי...**
Die Uhr lesen und die Zeit ansagen.

5. המספרים בזכר. לדוגמה: **ילד אחד, שני ילדים, שלושה ילדים...**
Die Zahlen im Maskulinum.

6. המספר הסידורי.
לדוגמה: **ילד ראשון, ילד שני, ילד שלישי / ילדה ראשונה, שנייה שלישית...**
Die Ordnungszahlen.

תרגילי חיזוק לפרק ו'

Wiederholungsübungen Kapitel 6

1 **תרגמו לגרמנית**

Übersetzt ins Deutsche

א. אני אכלתי סנדביץ' עם גבינה צהובה ושתיתי מיץ תפוחים.

____

ב. הילה רצה בשטוקהולם ארבעים קילומטרים.

____

ג. טום קם בשעה שמונה ורבע והלך לעבודה בשעה שמונה וחצי.

____

ד. אנחנו גרנו בקומה שלישית ברחוב ויצמן מספר חמישים ושלוש.

____

ה. הם שרו אתמול שיר יפה בהפסקה.

____

ו. סטפני ואיבתיסאם ראו שבוע שעבר חדשות בטלויזיה.

____

ז. רציתי לאכול לארוחת בוקר עוגיות שוקולד אבל אמא שלי רצתה לאכול תפוחים, תפוזים וגבינה.

____

ח. יש לי יום הולדת! אני רוצה הרבה מתנות!

____

2 **מה השעה? כתבו במילים**

Wie spät ist es? Schreibt die Uhrzeiten aus

א. 12:04 ______________	ה. 07:30 ______________
ב. 13:05 ______________	ו. 08:45 ______________
ג. 14:10 ______________	ז. 09:50 ______________
ד. 05:15 ______________	ח. 18:50 ______________

3

שנו את הפועל מזמן הווה לזמן עבר
Ändert die Verben von der Gegenwart in die Vergangenheit

א. אני **רוצה** לאכול שוקולד ____________

ב. אתה **קונה** לילדים עוגיה ____________

ג. את **טסה** לפריז ____________

ד. היא **באה** לישראל ____________

ה. הוא **עושה** ספורט ____________

ו. אתם **רואים** טלויזיה ____________

ז. אתן **שרות** שירים שמחים ____________

ח. הם **קמים** בשעה 7 כל בוקר ____________

ט. הן **שותות** מיץ תפוחים ____________

י. אנחנו **אופים** עוגה ____________

4

כתבו משפט המתאר מה עשיתם כל יום בשבוע שעבר
Schreibt einen Satz darüber, was ihr jeden Tag der letzten Woche gemacht habt

מלאו את המילים החסרות בעזרת המחסן 5

Füllt die Lücken mit den untenstehenden Wörtern

From: **Dad** <moshe.berger@gmail.com>
To: **Me** <stephani.berger@gmail.com>
Subject: שלום מברלין

שלום סטפני היְקָרָה!

__________ נסענו לְבֶּרְלִין. __________ אנחנו עושים הרבה דברים, מהבוקר עַד הלילה. כל הַיום אנחנו הולכים בָּעִיר. ברלין היא עיר גדולה ויש הרבה לראות. בערב, כשהשֶׁמֶשׁ שׁוֹקַעַת, יש צְבָעִים מאוד יָפִים בָּשָּׁמַיִם: אָדוֹם, וָרוֹד וּכָתוֹם. ביום רִאשׁוֹן אכלנו במסעדה אִיטַלְקִית מצויֶינֶת. אני אכלתי פָּסְטָה ברוֹטֶב עַגְבָנִיּוֹת ואמא אכלה פסטה ברוטב פֶּסְטוֹ. הצַלַחַת שלה הייתה יְרוּקָה ושלי אֲדוּמָה. אחרי שאכלנו, הלכנו לישון!

ביום שני אני הלכתי למוזֵיאוֹן אוֹמָנוּת ואמא הלכה למוזיאון היסטוריה. אני חושב שֶׁמוזיאון אומנות זה מְעַנְיֵין יוֹתֵר, אבל אמא חושבת שמוזיאון היסטוריה זה הָכִי מעניין. בערב ישבנו בֶּיַחַד במסעדה בְּמֶרְכָּז העיר ואכלנו במסעדה אֲמֶרִיקָאִית.

בסוֹף שָׁבוּעַ נָחְנוּ הרבה ולא זָזְנוּ מהמָלוֹן. רק יצאנו __________ לשוּק וחזרנו. __________ יש שוּק גדול לְיַד המלון שלנו. אנחנו מאוד אוהבים את ברלין. אבל אמא שלך אומרת ששבוע בברלין זה מַסְפִּיק. אני רוצה שנה הבאה לנסוע לניו יורק. בניו־יורק יש __________!

להתראות ונשיקות,
אבא ואמא

בכל יום שַׁבָּת / כל יום / לִשְׁעָתַיִים / לִפְנֵי שבוע / הכל

מה אקנה למסיבה?

Was kaufe ich für die Party?

ביום שבת טַלְיָה **תִּהְיֶה** בת שלושים וחמש. ביום שישי היא **תַּעֲשֶׂה** מְסִיבַּת יום־הוּלֶדֶת גדולה בבית. מָחָר, היא **תֵּלֵךְ** לַסוּפֶּר כְּדֵי לִקְנוֹת את כֹּל הדְבָרִים שהיא צְרִיכָה למסיבה. זאת רְשִׁימַת הַקְנִיּוֹת שֶׁלָּהּ:

<u>שתייה</u>: בִּירָה גוֹלְדְסְטָאר (הרבה בַּקְבּוּקִים), יין אָדוֹם (שלושה בקבוקים), יין לָבָן (ארבעה בקבוקים), קוֹקָה קוֹלָה, מיץ תפוזים, מיץ תפוחים
<u>אוֹכל</u>: אֲבַטִיחַ גדול ואדום, שְׁתֵי קוּפְסָאוֹת חוּמוּס, קוּפְסָה אַחַת של טְחִינָה, גְבִינָה בּוּלְגָרִית, בּוּרֶקָס גְבִינָה, בורקס תַּפּוּחֵי אֲדָמָה, שַׂקִית פִּיתּוֹת, חֲבִילָה גְדוֹלָה של בָּמְבָּה, חמש חֲבִילוֹת בִּיסְלִי
<u>וגם</u>: מִצְרָכִים לְעוּגָה, נֵרוֹת לעוגה

לַחֲבֵרָה הכי טובה של טליה קוראים נָעֳמָה. היא **תִּיתֵּן** לטליה מַתָּנָה מוּשְׁלֶמֶת לְיוֹם הוּלֶדֶת: שׁוֹבָר לְמַסָאז' בְּסְפָּא בתל־אביב. היא **תִּקְנֶה** לה גם בָּלוֹנִים וּכַּרְטִיס בְּרָכָה. היא **תָּבוֹא** לטליה לִפְנֵי המְסִיבה, **וְתַעֲזוֹר** לה לְנַקוֹת את הבית.

החברים הָאֲחֵרִים של טליה: ניר, ליאור, אסף, מיכל ונוגה, **יָבוֹאוּ** למסיבה ב־9 בַּלילה, **ויביאו** לטליה הרבה מתנות וְהַפְתָעָה מְיוּחֶדֶת. מחר הם **יֵלְכוּ** וְיִקְנוּ את ההפתעה.

אני עוד לא יוֹדַעַת מה אני **אָבִיא** לטליה. מחר כל היום אני **אֶהְיֶה** בַּקֶנְיוֹן **וְאַחְשׁוֹב** מה לקנות. בסוֹף אני **אֶמְצָא** מַשֶׁהוּ נֶחְמָד.

הפועל בזמן עתיד

Das Verb in der Zukunftsform

Die Pronomen in der Zukunftsform erhalten ihre eigenen Suffixe und Präfixe:

קידומות לפני השורש Präfix vor dem Shoresh	
אני	א
את, אתה, היא, אתם, אתן	ת
הוא, הם, הן	י
אנחנו	נ

סיומות אחרי השורש Suffix nach dem Shoresh
Das Pronomen את bekommt ein י nach dem Shoresh
Alle Pronomen im Plural erhalten ein ו nach dem Shoresh

Vokale und Aussprache:

- Alle Verben in der Zukunft beginnen mit einem ịVokal; mit Ausnahme von אני, das mit dem Vokal ẹ beginnt.
- Der zweite Buchstabe (der erste Buchstabe des Shoresh) erhält immer ein ạ.
- את, הוא, היא, אני, אנחנו erhalten einen ȯ Vokal auf dem zweiten Buchstaben des Shoresh.
- Dies gilt für die meisten Verben in dieser Struktur, zum Beispiel:

גוף Pronomen	זמן עתיד Zukunft	קידומות וסיומות Präfixe und Suffixe
אני	אֶכְתוֹב	א - - ו -
אתה	תִכְתוֹב	ת - - ו -
את	תִכְתֶבִי	ת - - - י
הוא	יִכְתוֹב	י - - ו -
היא	תִכְתוֹב	ת - - ו -
אתם	תִכְתֶבוּ	ת - - - ו
אתן	תִכְתֶבוּ	ת - - - ו
הם	יִכְתֶבוּ	י - - - ו
הן	יִכְתֶבוּ	י - - - ו
אנחנו	נִכְתוֹב	נ - - ו -

Bei bestimmten Verben ändert sich der Vokal **ȯ** auf dem zweiten Buchstaben des Shoresh zu einem **a̤** Vokal. In diesen Fällen verwenden wir im Singular kein **ו**. Zum Beispiel:

elmad - - - א	אֶלְמַד	אני
tilmedi י - - - ת	תִּלְמְדִי	את
tilmad - - - ת	תלמַד	אתה
nilmad - - - נ	נלמַד	אנחנו
jilmedu ו - - - י	יִלְמְדוּ	הן

Häufig verwendete Verben mit a̤ Vokal:

tishkaw אתה תשכַּב	eshkaw אני אשכַּב	hinlegen	לשכב ש.כ.ב
tiftach אתה תפתַח	eftach אני אפתַח	öffnen	לפתוח פ.ת.ח
tikra אתה תקרא	ekra אני אקרָא	lesen	לקרוא ק.ר.א
tishma אתה תשמע	eshma אני אשמַע	hören	לשמוע ש.מ.ע
tishal אתה תשאל	esh-al אני אשאַל	fragen	לשאול ש.א.ל
timza אתה תמצא	emza אני אמצָא	finden	למצוא מ.צ.א

Bei Verben, deren Shoresh mit **ה** endet, wird der Vokal auf dem zweiten Buchstaben des Shoresh zu einem **e̤**. Zum Beispiel:

erze - - - א	אֶרְצֶה	אני
tirze - - - ת	תִּרְצֶה	אתה
nirze - - - נ	נִרְצֶה	אנחנו

Häufig verwendete Verben mit ה am Ende des Shoresh

אני ארצֶה, אתה תרצֶה, הוא ירצֶה, היא תרצֶה, אנחנו נרצֶה	wollen	לרצות ר.צ.ה
אני אהיֶה, אתה תהיֶה, הוא יהיֶה, היא תהיֶה, אנחנו נהיֶה	sein	להיות ה.י.ה
אני אקנֶה	kaufen	לקנות ק.נ.ה
אני אראֶה	sehen	לראות ר.א.ה
אני אֶעֱשֶׂה, אתה תַּעֲשֶׂה, הוא יַעֲשֶׂה, היא תַּעֲשֶׂה	machen	לעשות ע.ש.ה
אני אשתֶה	trinken	לשתות ש.ת.ה

1 **בְּחֲרוּ אֶת הַהַטָיָיה הַנְּכוֹנָה**

Wählt die richtige Konjugation

א. טליה [תהיה / יהיה / נהיה] בת שלושים וחמש.

ב. החברים של טליה [נעשה / יעשו / תעשו] לה מסיבת יום הולדת.

ג. נעמה [אקנה / תקני / תקנה] לה בלונים וכרטיס ברכה

וְ[עזרה / עוזרת / תעזור] לה לסדר את הבית.

ד. החברות של טליה [נבוא / יבואו / תבואו] למסיבה בתשע בלילה.

ה. אני עוד לא יודעת איזו מתנה אני [אביא / תביא / תביאי] לטליה.

ו. היא [תרצה / תרצי / תרצו] ללכת כל יום שבת לשוק.

2 **הטו את הפועל בעתיד לפי נושא המשפט. שימו לב לניקוד**

Konjugiert in der Zukunftsform. Beachtet dabei das Subjekt des Satzes und die Vokale

א. טליה ___________ [ק.נ.ה] אבטיח.

ב. נעמה ___________ [ע.ז.ר] לסדר את הבית.

ג. אנחנו ___________ [ע.ז.ר] לנעמה לקנות מתנה.

ד. החברים של טליה ___________ [ב.ו.א] בשעה 9 בלילה.

ה. טליה ___________ [ה.י.ה] בת שלושים וחמש.

ו. את ___________ [כ.ת.ב] לטליה כרטיס ברכה?

ז. אסף, ניר וליאור, אתם ___________ [ר.ק.ד] במסיבה של טליה?

ח. אני ___________ [ש.ת.ה] קוקה קולה ויין אדום.

ט. הוא ___________ [ר.צ.ה] לראות את כל הסרטים בקולנוע.

3 **שנו מזכר לנקבה**

Ändert die Sätze von feminin zu maskulin

א. היא **תִלְמָד** מחר בבית ספר.	הוא <u>**ילמד**</u>
ב. אתה **תַעֲבוֹד** בשבוע הבא בתל־אביב.	את ___________________
ג. אתם **תִשְׁאלוּ** את המוֹרָה הרבֵּה שְׁאֵלוֹת.	אתן ___________________
ד. הם **יִמְצְאוּ** מתנה לא יְקָרָה.	הן ___________________

פעלים יוצאי־דופן בזמן עתיד: קבוצה א'

Unregelmäßige Verben der Gruppe A in der Zukunft

Gruppe A sind Verben, die mit dem Buchstaben **ה** enden. In der zweiten Person Singular feminin sowie der zweiten und dritten Person Plural muss das **ה** vor den Suffixen verschwinden.

Dann erscheinen nur zwei Buchstaben des Shoresh. Zum Beispiel, der Shoresh von „wollen“: ר.צ.ה:

tirzi ת - - י	תִרְצִי	את
tirzu ת - - ו	תִרְצוּ	אתם
jirzu י - - ו	יֶרְצוּ	הם

Änderungen treten nur auf, wenn wir dem Shoresh Suffixe hinzufügen müssen:

הטיית פעלים רגילים Regelmäßige Verben	השינוי Die Änderung	הטיית פעלים עם "ה" בסוף Konjugation von Verben mit Endung ה	גוף Pronomen
	—	אֶרְאֶה	אני
	—	תִרְאֶה	אתה
תכתבי	ohne "ה"	תִרְאִי	את
	—	יֶרְאֶה	הוא
	—	תִרְאֶה	היא
תכתבו	ohne "ה"	תִרְאוּ	אתם
תכתבו	genauso	תִרְאוּ	אתן
יכתבו	genauso	יִרְאוּ	הם
יכתבו	genauso	יִרְאוּ	הן
	—	נִרְאֶה	אנחנו

4 פעלים בקבוצה א': הטו את הפעלים נכונה בזמן עתיד
Verben der Gruppe A: Konjugiert in der Zukunftsform

א. את __________ [ר.צ.ה] לאכול במסעדה הזאת!

ב. אתם __________ [ק.נ.ה] טלוויזיה מחר?

ג. טליה ונעמה __________ [ר.א.ה] את הסרט בקולנוע?

ד. הילדים __________ [ש.ת.ה] הרבה קוקה קולה במסיבה.

ה. אני __________ [ה.י.ה] בת שישים ביום שבת.

ו. אנחנו __________ [ר.צ.ה] לשתות יין לבן.

ז. טום ונתן __________ [א.פ.ה] עוגה לכבוד יום ההולדת שלי.

ח. מיכל ונינה __________ [ע.ש.ה] לטליה מסיבת הפתעה.

פעלים יוצאי־דופן בזמן עתיד: קבוצה ב'
Unregelmäßige Verben der Gruppe B in der Zukunft

Verben der **Gruppe B** beginnen mit dem Buchstaben **נ**. In der Zukunftsform verschwindet das **נ**. Zum Beispiel:

תרגום Übersetzung	שורש Shoresh	הטייה Konjugation
ich werde anfassen	נ.ג.ע	אני אֶגַּע
du wirst fahren ♂	נ.ס.ע	אתה תִּסַּע
du wirst geben ♀	נ.ת.ן	את תִּתְּנִי
er wird fallen	נ.פ.ל	הוא יִפּוֹל

5 הטו את הפעלים הבאים בעתיד, שימו לב לאות נ'
Konjugiert in der Zukunft, beachtet dabei das „nun"

א. אני __________ [נ.ס.ע] לירושלים מחר.

ב. אתה __________ [נ.פ.ל] מהמדרגות.

ג. את __________ [נ.ת.ן] לי מתנה.

ד. הוא __________ [נ.ג.ע] בכלב ובחתול.

ה. היא __________ [ר.צ.ה] לאכול עוגה עם הקפה.

ו. אתם __________ [כ.ת.ב] כרטיס ברכה ליום הולדת שלי.

ז. אתן __________ [ק.נ.ה] חומוס, פלאפל ואבטיח מחרתיים.

ח. הם __________ [נ.ס.ע] בעוד חודש לאילת.

ט. הן __________ [נ.ת.ן] לאמא שלהן מתנה.

י. אנחנו __________ [ע.ש.ה] מסיבה גדולה מחר במסעדה בתל־אביב.

יא. מחר אני __________ [נ.פ.ל] מהמיטה ו__________ [ש.ב.ר] את הרֶגֶל.

יב. טום, אתה __________ [נ.ת.ן] את המתנה לאבא ביום־ההולדת שלו, או לפני כן?

יג. כולם __________ [נ.ג.ע] בחוֹל הלָבָן שליד הים בּיָוון.

יד. אנחנו __________ [נ.ס.ע] עם כל הסטודנטים לטיול הארוֹך לדְרוֹם־אמריקה.

לפני ש __________ [ט.ו.ס], אנחנו __________ [ה.ל.ך] לְהוֹצִיא דָרְכּוֹנִים חדשים.

יה. את __________ [ק.נ.ה] חולצה חדשה והחולצה __________ [נ.פ.ל] מהתיק שלך.

יוצאי־דופן נוספים

Sonderfälle der Gruppe C

שם הפועל Infinitiv	תרגום Übersetzung	שורש Shoresh	הטייה Konjugation	שינוי Die Änderung
ללכת	gehen	ה.ל.ך	אני אֵלֵך אתה תלך	Kein “ה” bei allen Pronomen
לקחת	nehmen	ל.ק.ח	אני אֶקַח אתה תקח	Kein “ה” bei allen Pronomen
לאכול	essen	א.כ.ל	אני אוֹכַל אתה תאכל	Nur bei der 1. Person Singular fügen wir ein “ו” hinzu statt eines zweiten “א”
לאהוב	lieben	א.ה.ב	אני אוֹהַב אתה תאהב	Nur bei der 1. Person Singular fügen wir ein “ו” hinzu statt eines zweiten “א”

6 **בחרו את ההטייה הנכונה ושנו לפי שם הפועל שניתן בסוגריים**

Wählt die richtige Antwort und ändert die Konjugation gemäß der Pronomen in der Klammer

א. אני [אלך / אהלך / יהלך] מחר לבית ספר. את תלכי

ב. אתה [תלקח / תקח / נלקח] את הקפה הגדול. היא ___________

ג. אני [אאהב / יאהב / אוהב] את הכלב החדש שלי. אנחנו ___________

ד. אני [אוכל / אאכל / נאכל] אבטיח וגבינה בולגרית. הוא ___________

ה. היא [נלך / תלך / תהלך] לבית החולים. את ___________

ו. אתם [תקחו / תלכו / תלקחו] יין אדום ולא יין לבן. אנחנו ___________

ז. אתן [תנגעו / תגעו / יגעו] בחתולים הנחמדים. אני ___________

ח. הם [יאהב / יאהבו / אוהבו] את הסרט החדש. אני ___________

שופינג בסופר

Einkaufen im Supermarkt

ניר: שלום, יֶש לָכֶם אוּלַי נְיַיר טוּאָלֶט?
מוכֶרֶת: כן, בֶּטַח.
ניר: איפה?
מוכרת: זה בשׁוּרָה חֲמִישִית על המָדָף השְלִישִי, מֵאָחוֹרה.
ניר: תודה!

יעל: סְלִיחָה, כַּמָה עוֹלֶה חָלָב?
מוכרת: חמישה שְקָלִים.
יעל: יש לי רַק שְטָר של מֵאָה, זה בסדר?
מוכרת: רֶגַע, תְני לי לִבְדוֹק אִם יש לי עוֹדֶף... כן! הכל בסדר.
הִנֵה, תשעים וחמישה שקלים עודף, בבקשה.

ליאור: שלום, אתם מְקַבְּלִים כַּרְטִיס אַשְראי? לא נִשְאַר לי מַסְפִּיק כֶּסֶף מְזוּמָן.
מוכר: כן, אבל רק מֵעַל 10 שקלים.
ליאור: וכַּמָה עוֹלֶה בַּקְבּוּק קוֹלָה?
מוכר: 6 שקלים ותשעים אגורות.
ליאור: אוֹקֵיי, אָז אני אֶקַח בְּבַקָשָה גם גְלִידָה, בְּיַחַד זה מעל 10?
מוכר: כן.
ליאור: אחלה, תודה!

7

ענו על השאלות
Beantwortet die Fragen

א. מה ניר רצה לקנות? ______

ב. כמה עולה בקבוק קולה? ______

ג. מה ליאור קנה? ______

ד. מה יעל רצתה לקנות? ______

ה. מעל כמה שקלים מקבלים בסופר כרטיס אשראי? ______

8

השלימו את המילים החסרות מהמחסן
Ergänzt die Lücken im Text mit den untenstehenden Wörtern

שירה: ______! יש לכם ______ טואלט?

מוכר: בטח, זה בַּ______ ראשונה במדף הָ______.

שירה: כמה זה ______?

מוכר: ______ עולה חמישה שקלים.

שירה: אתם מקבלים ______?

מוכר: כן.

שירה: בבקשה.

מוכר: ______, להתראות!

כרטיס אשראי / תודה / שלום / עולה / חמישי / נייר / שורה / זה

9

חברו בין השאלה לתשובה
Ordnet die Fragen den Antworten zu

א. כמה זה עולה?

ב. איפה יש חלב?

ג. באיזו שורה יש נייר טואלט?

ד. אתם מקבלים כרטיס אשראי?

ה. סליחה, יש לכם אולי גלידה?

א. בשורה שמינית

ב. בטח, אבל רק מעל עשרים שקלים

ג. כן, אבל רק בטעם וניל

ד. זה עולה שלושים וחמישה שקלים

ה. הנה, שם! על המדף הראשון

10 

כמה עולה?

Was kostet es?

עַגְבָנִיּוֹת 8,40 ש"ח	כְּרוּב לָבָן 2,50 ש"ח	בָּצָל סָגוֹל 2,90 ש"ח	דְלַעַת 1,90 ש"ח

כּוּסְבָּרָה (צְרוֹר) 1,90 ש"ח	גְזָרִים 6,90 ש"ח	קִישׁוּאִים 10,50 ש"ח	פִּלְפְּלִים אֲדוּמִּים 10 ש"ח	מְלָפְפוֹנִים 10 ש"ח

א. כמה עולה קילו מלפפונים? ______________________

ב. כמה עולה קילו פלפלים אדומים? ______________________

ג. מה עולה 2,90 שקלים לקילו? ______________________

ד. מה עולה 6,90 שקלים לקילו? ______________________

11

השלימו את הפעלים ושמות הפועל החסרים מהמחסן

Ergänzt die Lücken mit den untenstehenden Verben

יעל: שירה, ___________ כבר את כל מה שאת צריכה למסיבה?

שירה: אני ___________ שכן, חוץ מֵשתייה.

יעל: איזו שתייה את ___________ לקנות?

שירה: אני לא בטוחה, כל הדְבָרִים הרְגִילים: קולה, יין לבן, וגם מים, תָמִיד חשוב שיש מים.

יעל: כַּמָה כֶּסֶף את רוצה ___________ על שתייה?

שירה: אני רוצה להוציא בְּעֶרֶךְ מָאתַיִם שקלים.

יעל: זה לא הרבה... במיוחד אם ___________ לסופרמרקט בתל־אביב.

אולי ___________ את האוטו ונִסַע לסופרמקרט מִחוּץ לָעִיר, שם יותר זול.

נִיקח / רוֹצָה / קָנִיתְ / לְהוֹצִיא / חושבת / נלך

אוצר מילים 

Deutsch	Aussprache	Hebräisch
Pitabrot	pita	פיתה
Kuchen	uga	עוגה
Lebensmittel	mizrachim	מצרכים
perfekt Adj.	mushlam	מושלם
Gutschein	sho-war	שובר
Massage	ma-sag'	מסאז'
Spa	spa	ספא
Grußkarte	kar-tis bra-cha	כרטיס ברכה
Kreditkarte	kartis ashrai	כרטיס אשראי
Überraschung	haf-ta-a	הפתעה
besonders Adj.	me-ju-chad	מיוחד
Einkaufszentrum	kan-jon	קניון
Bargeld	me-su-man	מזומן
Eis	gli-da	גלידה
teuer Adj.	ja-kar	יקר
Treppe	mad-re-ga	מדרגה
Falafel	fa-la-fel	פלאפל
übermorgen	mach-ra-ta-im	מחרתיים
Eilat	ej-lat	אילת

Deutsch	Aussprache	Hebräisch
Geburtstag	jom hu-le-det	יום הולדת
Supermarket	su-per	סופר
Einkaufsliste	re-shi-mat kni-jot	רשימת קניות
Getränke	shti-ja	שתייה
Essen	ochel	אוכל
Bier	bira	בירה
rot	adom	אדום
weiß	lawan	לבן
Flasche	bak-buk	בקבוק
Wassermelone	a-wa-ti-ach	אבטיח
Kasten	kufsa	קופסה
Hummus	chu-mus	חומוס
Tahini	tchi-na	טחינה
Bulgarischer Käse, Feta	gwi-na bul-ga-rit	גבינה בולגרית
Börek (Blätterteiggebäck)	bu-re-kas	בורקס
Kartoffel	ta-pu-ach a-da-ma	תפוח אדמה
Paket	cha-wi-la	חבילה
Bamba (israelischer Snack)	bam-ba	במבה
Bisli (israelischer Snack)	bis-li	ביסלי

Linie	shu-ra	שורה
Regal	ma-daf	מדף
Toilettenpapier	ni-jar tu-a-let	נייר טואלט
Was kostet?	ka-ma ole?	כמה עולה?
Geldschein	shtar	שטר
Wechselgeld	o-def	עודף
andere	a-cher	אחר
am Ende	ba-sof	בסוף
dort	sham	שם
hier	po	פה
vorne	mi-ka-di-ma	מקדימה
hinten	me-a-cho-ra	מאחורה
neben	le-jad ha	ליד ה...
hinter	me-a-cho-rej ha	מאחורי ה...
vor	lif-nej ha	לפני ה...
Gang	ma-a-war	מעבר
Kasse	ko-pa	קופה
Habt ihr ...	ha-em jesh la-chem	האם יש לכם...
Wo gibt es ...	ejfo ha	איפה ה...
Kerze	ner	נר
Ballon	balon	בלון

פעלים
Verben

sein	ה.י.ה	להיות
kaufen	ק.נ.ה	לקנות
ordnen	ס.ד.ר	לסדר
geben	נ.ת.ן	לתת
helfen	ע.ז.ר	לעזור
kommen	ב.ו.א	לבוא
denken	ח.ש.ב	לחשוב
finden	מ.צ.א	למצוא
anfassen	נ.ג.ע	לגעת
(mit)fahren	נ.ס.ע	לנסוע
fallen	נ.פ.ל	ליפול
nehmen	ל.ק.ח	לקחת
lieben	א.ה.ב	לאהוב
essen	א.כ.ל	לאכול
gehen	ה.ל.ך	ללכת

!

רק רגע!
מה למדנו בפרק ז'?

Moment mal! Was haben wir in Kapitel 7 gelernt?

1. אוצר מילים של 70 מילים חדשות ו־15 פעלים חדשים!
Ein Wortschaz von 70 neuen Wörtern und 15 neuen Verben.

2. למדנו להטות פעלים בזמן עתיד: **אֶכְתוֹב, תִכְתוֹב...**
Wir haben gelernt Verben in der Zukunft zu konjugieren.

3. למדנו שלוש צורות תנועה בזמן עתיד: **אכתוֹב, ארצֶה, אלמָד...**
Wir haben die drei verschiedenen Vokaloptionen in der Zukunft kennengelernt.

4. למדנו על פעלים יוצאי־דופן בזמן עתיד.
Wir kennen unregelmäßige Verben in der Zukunft. **Gruppe A**: Verben die auf „hej“ enden.
Gruppe B: Verben die mit „nun“ beginnen/ **Gruppe C**: Sonderfälle

קבוצה א'	את תִרְצִי ר.צ.ה	אתם תִרְצוּ ר.צ.ה	הם יֶרְצוּ ר.צ.ה
קבוצה ב'	אני אֶגָע נ.ג.ע	אתה תִסָע נ.ס.ע	את תִתְנִי נ.ת.נ
קבוצה ג'	אני אֶלֶך ה.ל.ך	אני אֶקָח ל.ק.ח	אני אוֹכָל א.כ.ל

5. למדנו את הביטוי ”כמה זה עולה?“ ואוצר מילים לקניות בסופר.
Wir haben die Redewendung „Wie viel kostet das?“ gelernt und den Wortschatz, der zum Einkaufen benötigt wird.

תרגילי חיזוק: פעלים בכל הזמנים

Wiederholungsübungen: Verben in allen drei Zeiten

1 **השלימו את הפועל בהטייה הנכונה**

Konjugiert in der richtigen Form

א. ביום ראשון בשבוע שעבר אני ואמא שלי __________ [ה.ל.ך] לסופר כדי לקנות
אוכל ושתייה למסיבת היום הולדת של אח שלי. היום אני __________ [ה.ל.ך]
לסופר שוב, כי בשבוע שעבר __________ [ש.כ.ח] לקנות בלונים.
מחר המסיבה __________ [ה.י.ה] בבית שלנו על הגג. יש לנו גג גדול.

ב. אתמול בסופר אמא שלי לא __________ [מ.צ.א] קוקה־קולה, אז היום
אני __________ [ה.ל.ך] שוב. אני __________ [ר.צ.ה] שהמסיבה
כבר __________ [ע.ב.ר], צריך לעשות כל כך הרבה דברים, ואין לי כבר כח!

ג. ביום שלישי בשבוע שעבר __________ [ק.נ.ה] לאחותי מתנה.
היא __________ [ה.י.ה] בת 30 מחר.

ד. בשבוע שעבר את __________ [נ.ס.ע] לפריז, היום את __________ [נ.ס.ע]
לברלין ובשנה הבאה את __________ [נ.ס.ע] לקולומביה.

2 **הטו את הפועל בהתאם לשורש ולזמן**

Konjugiert gemäß Zeitform und Shoresh

א. הילדות __________ [ר.צ.ה, עבר] לאכול עוגה.

ב. הילדים __________ [ל.ק.ח, עתיד] את הכלב לטיול בפארק.

ג. הסטודנטית __________ [ק.נ.ה, הווה] מתנות לכל הכיתה.

ד. אני __________ [נ.ת.ן, עתיד] למורה שלי תפוח גדול.

ה. אנחנו __________ [ה.ל.ך עתיד] לקולנוע מחר בלילה לראות סרט.

ו. את __________ [נ.ת.ן., עתיד] לחברה שלך מתנה יקרה ליום הולדת.

ז. היא __________ [ב.נ.ה, עבר] בית גדול בהרצליה שנה שעברה.

ח. את __________ [ר.צ.ה, עתיד] לטוס בשנה הבאה לדרום אמריקה.

3 **בחרו את ההטייה הנכונה**

Wählt die richtige Antwort

א. נִיצָן [רָקְדָה / תִּרְקֹד] רִיקּוּד חָדָשׁ בַּמְּסִיבָּה מָחָר.

ב. סטפני, עוֹד מְעַט [פָּתְחָה / תִּפְתְּחִי] אֶת הַמַּתָּנוֹת שֶׁלָּךְ!

ג. אֶתְמוֹל [לָמַדְתִּי / נִלְמַד] על ההיסטוריה של ארצות הברית.

ד. בְּשָׁבוּעַ שֶׁעָבַר [שָׁמַרְתִּי / אֶשְׁמוֹר] עַל אֲחוֹתִי הַקְּטַנָּה.

ה. ענת [תשבר / שברה] צלחת במסיבה אתמול.

ו. יוסי, עוד מעט [תפגוש / פגשת] את דנה.

4 **מיינו את הפעלים לפי הזמנים בהם הם מופיעים**

Sortiert die Verben nach ihrer Zeitform

1. לומד/תלמד/למדה 2. עשו/עושות/יעשו 3. נרצה/רצינו/רוצים

4. יכתוב/כותב/כתב 5. בא/בא/יבוא 6. אגור/גר/גרתי

7. נתן/נותן/יתן 8. תקחי/לקחת/לוקחת 9. אקנה/קניתי/קונה

10. אכתוב/כותבים/כתבת 11. קראנו/אקרא/קוראות 12. תלך/הלכתי/הולך

עָבָר אֶתְמוֹל	הוֹוֶה עַכְשָׁיו	עָתִיד מָחָר

5 ✎ **השלימו את המילים החסרות מהמחסן**

Ergänzt die Lücken im Text mit den untenstehenden Wörtern

ביום רִאשוֹן שִׁירה __________ בשעה שבע וָחֵצִי בבוקר. היא __________ קְצָת

סְפּוֹרְט ואז היא __________ לַמִשְׂרָד. בַּדֶרֶך, היא __________

קפה וסֶנְדְוִויץ' עם חֲבִיתָה וּגְבִינָה צְהוּבָּה.

קנתה / עשתה / הלכה / קמה

מחר שירה __________ בשעה שמונה וָרֶבַע. היא __________ חֲדָשׁוֹת

בטלוויזיה ו__________ אֲרוּחָת בוקר בבית. בַּהַפְסָקָה היא __________

ארבעים וחמש דקות וגם __________ מיץ תַּפּוּחִים.

תראה / תרוץ / תקום / תשתה / תאכל

שלום, שמי קלאודיה. אני __________ בְּבֶּרלין. אני בת שלושים וָשבע וְיֵשׁ לִי

שלושה ילדים בני תשעה חוֹדָשִׁים, שְׁנָתַיִים וָשֶׁבַע. שני בנים ובת. לבן־הזוג שלי

__________ מיכאל, הוא בן שלושים וחמש, והוא לא __________.

אני __________ בחברה גדולה במרכז העיר. מיכאל __________ להישאר

בבית עם הילדים. אני לא רוצה להישאר בבית. אני __________ אֶת הָעֲבוֹדָה שֶׁלִי.

בשנה הבאה מיכאל __________ לעבודה שלו, אבל רק בחצי משרה.

בעוד שנתיים כל הילדים שלנו כבר __________ לבית ספר.

ילכו / עובדת / רצה / גרה / אוהבת / יחזור / עובד / קוראים

איך הולכים למוזיאון?

Wie komme ich ins Museum?

ליאורה **רָצְתָה** לָלכת מֵהָדיזינְגוֹף סֶנְטֶר לְמוֹזיאוֹן תל־אביב.
היא **עָמְדָה** בְּרֶחוֹב קינְג ג׳וֹרְג׳ **ודיבְּרה** עִם אישה אָחָת.

ליאורה: סְליחה, את יוֹדַעַת אוּלַי אֵיךְ הוֹלְכים לְמוֹזיאוֹן תל־אביב?
אָבָל האישה **אָמְרָה**: אוֹי, לֹא, סליחה, אני לא יודעת.
ליאורה **ביִקְשה** עזרה מאישה אָחֶרֶת.

ליאורה: סליחה, אולי את יודעת איך הולכים למוזיאון תל־אביב?
אישה: בֶּטָח! זה מאוד קָל וּפָשׁוּט! את **חוֹצָה** את הכְּביש, מִצַּד יָמִין יש לךְ תָחָנָת אוֹטוֹבוּס. שָׁם את **מְחָכָּה** לְקָו מספר 18. האוטובוס **נוֹסֵעַ** עשר דָקוֹת, ואז את **יוֹרֶדֶת** מֵהָאוטובוס. המוזיאון זה תָחָנָה אחת אָחְרֵי כיכר רבין.
ליאורה: ואת יודעת כָּמָה עוֹלֶה כָּרְטיס לָאוטובוס?
אישה: כרטיס לאוטובוס עולה חמישה שְקָלים ותשעים אָגוֹרוֹת
ליאורה: ואני יכולה **לְשָׁלֵם** על האוטובוס?
אישה: בְּוָודָאי, את **קוֹנָה** את הכרטיס מֶהָנַהַג.
ליאורה: תודה רָבָּה רבה!
אישה: בבקשה, יום טוב במוזיאון!

בניינים

Die Verbstruktur Binjanim

In den Kapiteln 1-7 haben wir gelernt, Verben in Vergangenheit, Gegenwart und Zukunft zu konjugieren. Die Abbildung unten zeigt die Name aller sieben Verbstrukturen, die es im Hebräischen gibt. Die drei auf der rechten Seite der Menora sind aktiv, die Mittlere ist eine reflexive Struktur und die drei auf der linken Seite sind passiv. Wir werden uns in diesem Buch auf die Aktiven konzentrieren.

Bisher haben wir Paal gelernt. Jede Struktur, die auf Hebräisch Binjan genannt wird, hat eine bestimmte Idee und Funktion. Zum Beispiel die Idee hinter Paal פעל.

- Verben, die eine einfache Handlung beschreiben: gehen, essen, sehen, kommen, geben.
- Verben, die immer aktiv sind.
- Verben, die Handlungen beschreiben, die man alleine ohne Beteiligung ausführt.
- Der gleiche Shoresh kann in mehr als einem Binjan vorkommen; die Bedeutung ändert sich je nach Funktion und Idee des Binjan (obwohl die meisten Shoresh in ihrer Bedeutung verbunden sind, auch wenn sie in verschiedenen Binjanim erscheinen).

בניין פִּיעֵל

Zweites „Binjan“: Piel

„Piel“-Verben sind immer aktiv und stärker als Verben der „Paal“-Struktur.

Paal “בניין ”פעל	
springen	לִקְפּוֹץ ק.פ.ץ
lernen	לִלְמוֹד ל.מ.ד

Piel “בניין ”פיעל	
hüpfen	לְקַפֵּץ ק.פ.ץ
lehren	לְלַמֵּד ל.מ.ד

Häufig verwendete Verben:

erzählen	לְסַפֵּר
Musik spielen	לְנַגֵּן
spielen (ein Spiel)	לְשַׂחֵק
ordnen	לְסַדֵּר

lehren	לְלַמֵּד
bekommen	לְקַבֵּל
reinigen	לְנַקּוֹת
sprechen	לְדַבֵּר

Eigenschaften des Binjan „Piel“:

- In der Vergangenheitsform folgt ein **י** auf den ersten Buchstaben des Shoresh.
- In der Gegenwart gibt es ein **מְ** als Präfix vor dem Shoresh.
- In der Zukunftsform ist der erste Vokal **ẹ** (mit Ausnahme von ich), der zweite Vokal **ạ**, der dritte Vokal **ẹ** (oder Stoppvokal **ẋ** für den Fall, dass ein Suffix vorhanden ist).

עָתִיד	הוֹוֶה	עָבָר	גוף
אֲסַפֵּר	מְסַפֵּר	סִיפַּרְתִּי	אני
תְּסַפֵּר	מְסַפֵּר	סִיפַּרְתָּ	אתה
תְּסַפְּרִי	מְסַפֶּרֶת	סִיפַּרְתְּ	את
יְסַפֵּר	מְסַפֵּר	סִיפֵּר	הוא
תְּסַפֵּר	מְסַפֶּרֶת	סִיפְּרָה	היא
תְּסַפְּרוּ	מְסַפְּרִים	סִיפַּרְתֶּם	אתם
תְּסַפֵּרוּ	מְסַפְּרוֹת	סִיפַּרְתֶּן	אתן
יְסַפְּרוּ	מְסַפְּרִים	סִיפְּרוּ	הם
יְסַפְּרוּ	מְסַפְּרוֹת	סִיפְּרוּ	הן
נְסַפֵּר	מְסַפְּרִים	סִיפַּרְנוּ	אנחנו

1

לפי הפועל המוטה, מלאו את שם הפועל, השורש, הזמן וכינוי הגוף

Vervollständigt die Tabelle mit dem Shoresh, dem Pronomen, der Zeit, dem Infinitiv und der Übersetzung

פועל Verb	שורש Shoresh	גוף Pronomen	זְמַן Zeit	שֵׁם פּוֹעַל Infinitiv	תרגום Übersetzung
סִיפַּרְתִּי					
מְנַגֶּנֶת					Musik spielen
תְּסַדְּרִי					ordnen
דִּיבֵּר				לְדַבֵּר	
יְשַׂחֵק					spielen (Spiel)
יְלַמְּדוּ					lehren
מְגַלֶּה					entdecken
גִּילּוּ					entdecken
נְטַפֵּל					sorgen

2

הטו את הפעלים נכונה לפי הזמן והשורש. שימו לב: הכל בבניין פיעל

Konjugiert die Verben gemäß Zeitform und Shoresh. Beachtet: Alle Verben sind „Piel“

א. הילדות __________ [ד.ב.ר] אֶתְמוֹל הרבה.

ב. אמא __________ [ט.פ.ל] בי עַכְשָׁיו.

ג. אמא ואבא __________ [ס.ד.ר] את הבית מָחָר.

ד. את __________ [ס.פ.ר] לילדים סיפור בַּשָּׁבוּעַ הַבָּא.

ה. הילד __________ [נ.ג.ן] בפסנתר כׇּל הַיּוֹם.

ו. המורים __________ [ל.מ.ד] בבית־הספר מָחֳרָתַיִים.

ז. היא __________ [ש.ח.ק] כדור רגל עכשיו.

ח. הכלבים __________ [ג.ל.ה] את החתולים בַּשָּׁבוּעַ שֶׁעָבַר.

ט. אני __________ [ב.ק.ר] את אחותי מחר.

י. את __________ [נ.ג.ן] שבוע הבא בקוֹנְצֶרְט על פְּסַנְתֵר.

יא. היא __________ [ג.ל.ה] אתמול שהדָּרְכּוֹן שלה לא בְּתוֹקֶף.

3

מלאו את החסר לפי המידע שניתן

Füllt die Lücken aus gemäß den gegebenen Informationen

פועל Verb	שורש Shoresh	גוף Pronomen	זְמַן Zeit	תרגום Übersetzung
	נ.ג.ן	אני	עָבָר	
	ס.פ.ר	את	עָתִיד	
יִטַפְּלו				
	ד.ב.ר	אנחנו	הוֹוֶה	
	ל.מ.ד	אתן	עָבָר	

מילות יחס וסיומות של כינויי השייכות

Präpositionen und Pronominalsuffixe

Jede Präposition im Hebräischen kann ein Suffix erhalten, das ein Pronomen anzeigt. Während hier ein eindeutiges einzelnes Wort gebildet wird, können es im Deutschen zwei Wörter sein.

Zum Beispiel, die Präposition “לְ” (zu / nach) und das Pronomen “אנחנו” (wir) werden zu einem neuen Wort: “לָנוּ” (zu uns / für uns).

גוף Pronomen	סיומת Suffix	לי, לך... zu mir, für mich	שלי, שלך... mein, dein	בי, בך... in mir, in dir
אני	ִ י	לִי	שֶׁלִּי	בִּי
אתה	ךָ	לְךָ	שֶׁלְּךָ	בְּךָ
את	ָ ךְ	לָךְ	שֶׁלָּךְ	בָּךְ
הוא	ֹ ו	לוֹ	שֶׁלּוֹ	בּוֹ
היא	ָ ה	לָהּ	שֶׁלָּהּ	בָּהּ
אתם	ָ כֶם	לָכֶם	שֶׁלָּכֶם	בָּכֶם
אתן	ָ כֶן	לָכֶן	שֶׁלָּכֶן	בָּכֶן
הם	ָ הֶם	לָהֶם	שֶׁלָּהֶם	בָּהֶם
הן	ָ הֶן	לָהֶן	שֶׁלָּהֶן	בָּהֶן
אנחנו	ָ נוּ	לָנוּ	שֶׁלָּנוּ	בָּנוּ

4

תרגמו לעברית
Übersetzt ins Hebräische

1. Tom, ich habe **(zu) dir** gesagt, was zu tun ist.

טום, אני אמרתי לָךְ מה לעשות

2. Stephanie, ist das **dein** Haus?

____

3. Ich habe **seine** Bücher.

____

4. Sie hat **uns** das Geschenk gegeben.

____

5. Mohammed, ist das **dein** Hund?

____

6. Du gibst **mir** die Fotos.

____

7. Diese Häuser sind groß. **In ihnen** leben viele Menschen.

____

8. Dieses Kino ist neu, aber die Stühle **darin** (♂) sind alt.

____

9. Die Tasse ist voll, es ist zu viel Wasser **darin** (♀).

____

5

כתבו את ההטיות של מילות היחס "ל" / "של" / "ב" בצורה הנכונה
Konjugiert die Präpositionen für / zu / von / in

א. אנחנו קונים לאמא מתנה. אנחנו קונים לה [für sie] את הספר של אליס מונרו.

ב. טום רוצה קפה. אני נותנת ___________ קפוצ'ינו עם סוכר.

ג. יש לי חברה. החברה ___________ מאוד חכמה.

ד. יש לטום שלושה אחים ואחיות. האחות הגדולה ___________ גרה בלונדון.

ה. יש במשרד הזה שלושה חדרים. יש ___________ גם שלושה שולחנות.

ו. יש במסעדה הזו אוכל איטלקי. יש ___________ גם אוכל ישראלי.

מילת היחס "עָל"

Die Präposition „al" (auf, über)

Die Präposition על funktioniert auf die gleiche Weise, nur die Aussprache ist anders. Vor dem regulären Suffix wird ein **י** hinzugefügt.

גוף Pronomen	סיומת Suffix	עלי... über mich/mir, auf mich/mir
אני	ַי	alai עָלַי
אתה	ֶיךָ	alecha עליך
את	ַיִךְ	alaich עליך
הוא	ָיו	alaw עליו
היא	ֶיהָ	aleha עליה
אתם	ֵיכֶם	alechem עליכם
אתן	ֵיכֶן	alechen עליכן
הם	ֵיהֶם	alehem עליהם
הן	ֵיהֶן	alehen עליהן
אנחנו	ֵינוּ	aleinu עלינו

6 **כתבו את ההטיות של מילת היחס על בצורה הנכונה**

Schreibt die Konjugation der Präposition על

א. יש ספר על השולחן. יש ספר עליו [הוא].

ב. אנחנו מדברות על הילה. אנחנו מדברות ____________ [היא].

ג. אמא שלי חושבת ____________ [אני] כל הזמן. אני תמיד במחשבות שלה.

ד. אתם יודעים שכתבו ____________ [אתם] ספר?

ה. איפה נינה וסטפני? מדברים ____________ [הן] עכשיו ברדיו!

ו. טום! אתה שומע את השיר הזה? אני חושב שהוא ____________ [אתה]!

ז. הילה! את קראת את הספר הזה? זה ____________ [את]?

גוף האדם

Der menschliche Körper

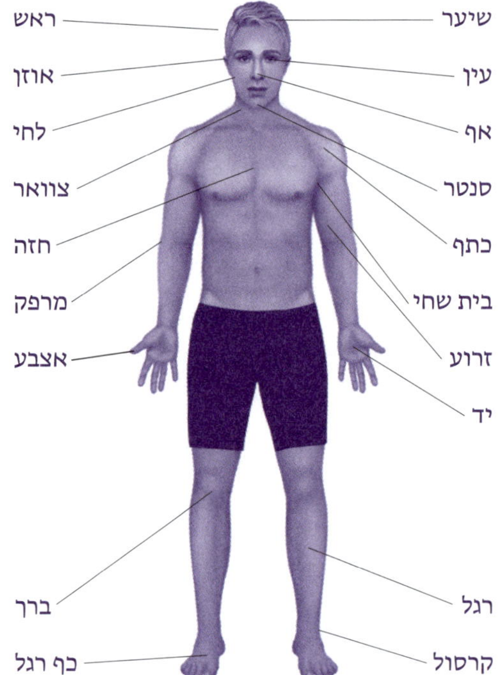

♂	♀
שיער / שיערות PL.	עין / עֵינַיִים PL.
ראש / ראשים PL.	אוזן / אוֹזְנַיִים PL.
אף / אפים PL.	לחי / לְחָיַיִם PL.
צוואר / צווארים PL.	כתף / כְּתֵפַיִים PL.
סנטר / סנטרים PL.	אצבע / אצבעות PL.
חזה / חזות PL.	ברך / בִּרְכַּיִים PL.
קרסול / קַרְסוּלַיִים PL.	רגל / רַגְלַיִים PL.
בית השחי / בתי שחי PL.	יד / יָדַיִים PL.
מרפק / מרפקים PL.	זרוע / זרועות PL.
	כף רגל / כפות רַגְלַיִים PL.

7

בחרו כינוי גוף ומילת יחס מתאימה, בהתאם לנושא המדובר

Wählt die richtige Präposition mit Pronominalsuffix aus

א. זה **מיכאל**. יש [לו/לי/לה] **ראש** קטן, ויש [עליו/עליה/עלינו] כובע.

Dies ist Michael. Er hat einen kleinen Kopf und einen Hut darauf.
* Kopf auf Hebräisch ist männlich und wird mit dem Pronomen „er“ bezeichnet.
Wir bilden ein gemeinsames hebräisches Wort für die Präposition „auf“ und das Pronomen „er“, indem wir die Präposition על mit dem Pronominalsuffix von er “יו” verbinden.

ב. **אני** הילה. כואבת [לי / לך / לנו] **הרגל**, יש לי [בי / בה / בו] פצע.

ג. **זאת** מיכל. אלה העיניים [שלהן / שלי / שלה].

ד. אני אוהבת את **פרידה קאלו**. אני קוראת ספר [עליה / עלינו / עליך].

ה. **אני** שותה הרבה קפה. יש [בנו / בי / בהם] קפה.

ו. יש פה **שתי ילדות**. איפה הבית [שלהם / שלהן / שלנו]?

ז. **טום** רוצה את הפיצה. אמא נותנת [לך / לו / להם] לאכול מהפיצה.

 8

בעזרת הטבלה תרגמו את המשפטים הבאים

Übersetzt unter anderem anhand der Tabelle die folgenden Sätze

	כאשר מתיחסים לאיבר ממין זכר Wenn es um ein Körperteil im Maskulinum geht	**כאשר מתיחסים לאיבר ממין נקבה** Wenn es um ein Körperteil im Femininum geht
Meine _______ tut weh	כּוֹאֵב לי ה	כואבת לי ה
Ich habe mir _______ gebrochen	נִשְׁבַּר לי ה	נשברה לי ה
Du hast schöne _______	יש לך _______ יָפֶה	יש לך _______ יָפָה

1. Ich habe 10 Finger.

____

2. Sie hat viele Haare.

____

3. Sein Kopf ist klein.

____

4. Mein Fuß tut weh.

____

5. Ich habe mir ein Bein gebrochen.

____

6. Unsere Brust tut weh.

____

7. Sie hat sich das Knie gebrochen.

____

8. Sein Knöchel tut weh.

____

9. Du hast zwei Hände (Dualform).

____

10. Wir haben zwei Beine (Dualform).

____

שום דבר / שום מקום / אף אחד

nichts / nirgendwo / niemand

שום דבר	nichts shum dawar	אני לא יודע שום דבר	Ich weiß nichts
שום מקום	nirgendwo shum makom	אין קפה בשום מקום	Es gibt nirgendwo Kaffee
אף אחד	niemand af echad	אין אף אחד במשרד	Es ist niemand im Büro

9 **כתבו: שום דבר / אף אחד / שום מקום**

Setzt ein: nichts / niemand / nirgendwo

א. בבית שלי אין מיטה, אין כיסא, אין שולחן. אין בו ___________.

ב. אין ___________ בעבודה היום, ואי אפשר לעשות ___________!

ג. אין ב___________ קפה, ואני ממש רוצה לשתות קפה!

ד. שנה שעברה טסתי לדרום אפריקה, והשנה אני לא רוצה לטוס ל___________.
אני רוצה רק להיות בבית ולנוח.

ה. אבא שלי אומר ש___________ לא חושב עליו.

ו. יש בכל מקום מכוניות, ואין ב_______ חנייה!

Israelischer Schekel shekel/shkalim	שקל/שקלים
Israelischer Cent agora/agorot	אגורה/אגורות
Straße kwish	כביש
niemand af echad	אף אחד
nichts shum dawar	שום דבר
nirgendwo shum makom	שום מקום
Pass, Ausweis darkon	דרכון
Konzert konzert	קונצרט
Zeitung iton	עיתון
Radio rad-jo	רדיו
Cappuccino kaputshino	קפוצ׳ינו
gültig tokef	תוקף
Parkplatz cha-na-ja	חנייה
Südamerika drom amerika	דרום אמריקה
Südafrika drom afrika	דרום אפריקה
Herzliya her-ze-li-ja	הרצליה

Entschuldigung slicha	סליחה
Museum museon	מוזיאון
Hilfe esra	עזרה
anders acher / acheret	אחר / אחרת
vielleicht ulaj	אולי
natürlich, klar betach	בטח
leicht kal	קל
einfach pashut	פשוט
Station, Haltestelle tachana	תחנה
Linie kaw	קו
Minute / Minuten daka / dakot	דקה / דקות
Platz kikar	כיכר
Klavier psanter	פסנתר
Geschichte sipur	סיפור
alt jashan	ישן
Handschuh kfafa	כפפה
Wunde peza	פצע
Seite zad	צד
rechts ja-min	ימין
Glas kos	כוס

אוצר מילים

איברי גוף Körperteile	
Haar se-ar	שיער
Auge a-jn	עין
Nase af	אף
Kinn santer	סנטר
Schulter katef	כתף
Achsel bejt shechi	בית שחי
Arm sro-a	זרוע
Hand jad	יד
Bein regel	רגל
Knöchel karsol	קרסול
Fuß kaf regel	כף רגל
Kopf rosh	ראש
Ohr o-sen	אוזן
Wange lechi	לחי
Hals za-war	צוואר
Brust cha-se	חזה
Ellbogen marpek	מרפק
Finger ezba	אצבע
Knie be-rech	ברך
Ich habe mir ... gebrochen nish-bar li ha ...	נשבר לי ה...
Mein ... tut weh ko-ew li ha ...	כואב לי ה...

פעלים חדשים - שמות פועל Neue Verben - Infinitive	
sprechen le-da-ber	לדבר
wissen la-da-at	לדעת
überqueren lach-zot	לחצות
(be) zahlen le-sha-lem	לשלם
besuchen le-wa-ker	לבקר
erzählen le-sa-per	לספר
sorgen le-ta-pel	לטפל
lehren, unterrichten le-la-med	ללמד
spielen (Musik), musizieren le-na-gen	לנגן
reinigen le-na-kot	לנקות
spielen (Spiel) le-sa-chek	לשחק
ordnen le-sa-der	לסדר

Moment mal! Was haben wir in Kapitel 8 gelernt?

1. אוצר מילים של 50 מילים ו־12 פעלים חדשים!

Wortschatz von 50 neuen Wörtern und 12 neue Verben.

2. בעברית יש 7 צורות פעלים. בפרקים א'-ז' עסקנו בצורת הפועל הראשונה - "פעל".
דוגמא לבניין פעל: **אני כָּתַבְתִּי / כּוֹתֵב / אֶכְתּוֹב**
בפרק ח' למדנו על הבניין השני - בניין "פיעל". דוגמא: **אני דִּיבַּרְתִּי / מְדַבֵּר / אֲדַבֵּר**

Wir haben gelernt, dass es im Hebräischen sieben Verbstrukturen (Binjanim) gibt. In den Kapiteln 1-7 ging es um die erste Struktur namens „Paal“. In Kapitel 8 haben wir das zweite Binjan namens „Piel“ kennengelernt.

3. למדנו להטות מילות יחס בהתאם לגופים השונים.

Wir haben gelernt, Präpositionen je nach Pronomen (Pronominalsuffix) zu konjugieren.

in mir	mein	mir	Suffix	Pronomen
בִּי	שֶׁלִּי	לִי	ִי	אני

auf, über mich/mir	Suffix	Pronomen
a-laj עָלַי	ַי	אני

4. אוצר מילים על גוף האדם, ואיך לומר "כּוֹאֵב לִי הָרֹאשׁ"

Wir haben Vokabeln über den menschlichen Körper gelernt. Wir können sagen „Mein Kopf tut weh.“

תרגילי חיזוק לפרק ח'

Wiederholungsübungen Kapitel 8

1 **תארו בעברית את הדרך מהבית לעבודה שלכם**

Schreibt auf Hebräisch, wie du von zu Hause zur Arbeit kommst

2 **הסתכלו בגוגל־מאפס וכתבו איך מגיעים ברגל מדיזינגוף סנטר למוזיאון תל־אביב**

Schaut auf GoogleMaps nach wie man zu Fuß vom Dizengoff Center zum Tel Aviv Museum gelangt und beschreibt den Weg

3 **תארו איך אתם/אתן נראים/נראות**
Beschreibt, wie ihr ausseht

4 **קראו, תרגמו ונתחו את הפעלים**
Lest, übersetzt und analysiert die Verben

רופאה: שלום סטפני, מה שלומך היום?

סטפני: בוקר טוב, ד"ר. לא כל כך טוב.

כואב לי הגב.

רופאה: ממתי יש לך כְּאֵבִים?

סטפני: מאתמול אחרי הצהריים. אני לא

יכולה **לשבת**, ואני לא יכולה **לעבוד**.

רופאה: מה את עושה?

סטפני: אני **מנגנת** על פְּסַנְתֵר, בתִזְמוֹרֶת

של חֵיפָה

רופאה: זאת פַּעַם רִאשׁוֹנָה שיש לך כאבים כאלו?

סטפני: כן.

רופאה: אני רוצה **לשלוח** אותך לעשות

פִּיזְיוֹתֶרַפְּיָה

סטפני: רַעֲיוֹן טוב

רופאה: זה הטלפון של רינה הפיזיותרפיסטית

סטפני: תודה, אני **אדבר** איתה!

5

תרגמו, כתבו את הפעלים בטבלה ונתחו אותם
Übersetzt und übertragt die Verben in die Tabelle und analysiert sie

שָׁרוֹן: בוקר טוב דָנִיאֶלָה וְיוֹסִי!

דניאלה ויוסי: בוקר טוב שרון!

שרון: לאן אתם טסים?

דניאלה ויוסי: לאנגליה! לאן את **טסה**?

שרון: לצרפת!

דניאלה ויוסי: ואיפה **תגורי** בצרפת?

שרון: אני **אישן** במלון בפריז. איפה אתם תגורו באנגליה, גם במלון?

דניאלה ויוסי: לא, אנחנו לא **נגור** במלון, יש לנו שם מִשְׁפָּחָה!
הם גרים בלונדון. יש להם בית גדול מאוד

שרון: מצוין! מלון עולה הרבה כסף. אני גם **רוצה** שתהיה לי משפחה באנגליה!

דניאלה ויוסי: כן, זה תמיד טוב!

שרון: טוב, נְסִיעָה טובה!

דניאלה ויוסי: גם לך!

פועל Verb	שורש Shoresh	בניין Binjan	גוף Pronomen	זמן Zeit	שֵׁם פּוֹעַל Infinitiv

6

מלאו אחר ההוראות
Folgt den Anweisungen

א. כתבו בזמן **עתיד**: שרון ודניאלה **טסו** לדרום אפריקה **שנה שעברה**.

ב. כתבו בזמן **עבר**: שרון **לא תרצה** לגור במלון.

ג. כתבו בזמן **הווה**: שרון, דניאל ויוסי דיברו בִּשְׂדֵה תְעוּפָה.

7

כתבו את הפועל בצורתו הנכונה

Schreibt in die Lücken die korrekte Form des Verbs

א. הילה, אני לא __________ [מ.צ.א] בשום מקום את החולצה ש__________ [ק.נ.ה] לך. איפה __________ [ש.י.ם] אותה?

ב. טום, חבל שלא __________ [ב.ו.א] אתמול, הילה __________ [א.פ.ה] את עוגת השוקולד המפורסמת שלה.

ג. סטפני, את __________ [צ.ר.ך] עכשיו __________ [כ.ת.ב] אימייל לנינה.
היא __________ [ח.ש.ב] שכולם __________ [נ.ס.ע] לטיול היום.

ד. יעל, אל __________ [נ.ס.ע] מהר מדי, שלא __________ [ש.ב.ר] רגל או יד!

ה. מאז שניר __________ [נ.פ.ל], כל הזמן __________ [כ.א.ב] לו הרגל.

ו. - סליחה, איך אני __________ [ה.ל.ך] לרחוב ויצמן?
- את __________ [פ.נ.ה] פה ימינה ו__________ [ח.צ.ה] את הכביש.
רחוב ויצמן זה הרחוב השני משמאל.

ז. - סליחה, את __________ [י.ד.ע] איזה אוטובוס נוסע לים?
- בטח, כל האוטובוסים בתחנה הזאת __________ [נ.ס.ע] לים. אבל קו 63 הכי מהיר.

ח. - סליחה, נהג, באיזו תחנה אני צריכה __________ [י.ר.ד] אם אני __________ [ר.צ.ה] להגיע למוזיאון הטבע?
- את __________ [צ.ר.ך] לרדת בתחנה החמישית.

ט. - סליחה, איפה אני יכולה __________ [ק.נ.ה] כרטיס לרכבת?
- אפשר __________ [ק.נ.ה] כרטיס לרכבת במשרד שבתחנה המרכזית או במכונה.

י. - סליחה, כמה __________ [ע.ל.ה] כרטיס רכבת מחיפה להרצליה?
- עשרים ושלושה שקלים. איך את __________ [ש.ל.ם / פיעל]? במזומן או באשראי?
- אני __________ [ש.ל.ם / עתיד] במזומן.

יא. - שלום, __________ [ב.ו.א / עבר] __________ [ב.ק.ר / פיעל] את סבתא שלי.
את יכולה אולי __________ [ר.א.ה] איפה נמצא החדר שלה?
- החדר שלה זה החדר השלישי מימין, בקומה החמישית.

יב. - ערב טוב, אני __________ [ח.פ.ש / פיעל] שוקולד מריר.
- אין לנו שוקולד מריר, אבל יש מאחורה שוקולד חלב. את רוצה שאני __________ [ח.פ.ש / פיעל, עתיד] לך?

יג. אתמול אני __________ [ג.ל.ה / פיעל] שיש לי חופש בינואר!

יד. מחר היא __________ [ש.ח.ק / פיעל] כדורגל.

טו. את __________ [נ.ג.ן / פיעל] אתמול בקונצרט בירושלים?

רוברט וסמואל מתחתנים!

Robert und Samuel heiraten!

רוֹבֶּרְט וסָמוּאֶל בֶּיָחַד כְּבַר אַחַת־עֶשְׂרֵה שָׁנִים. הם **גָּרִים** בלונדון בֶּשְׁכוּנָת הָאקְנִי בדירת שלושה חדרים יפה וגדולה, בקוֹמָה שנייה של בִּנְיָין יָשָׁן ומֶיוּחד.

לפני שנה רוברט וסמואל **הִתְחָתְנוּ**. הם **הִתלבשו** יפה ו**הִתְרָגְשׁוּ** מאוד ו**הִתְנָשְׁקוּ** בסוף החתונה. הם יָכְלוּ **לֶהִתְחָתֶן** סוֹף סוֹף, אָחְרֵי שהחוּקים באנְגְלִיָה **הִשְׁתָנוּ**. עד לִפְנֵי כּמה שנים לזוּג גְבָרים היה אָסוּר להתְחתֶן. היום, באנגליה, באָרְצוֹת־הבְּרית וֶבֶעוֹד מֶדִינוֹת מָעָרָבִיוֹת החוֹק **הִשְׁתָנָה**.

רוברט וסמואל מאוד **רוֹצִים** ילדים. לֶמָזָלָם, באנגליה מוּתָר להוֹמוֹאִים ולֶסְבִּיוֹת **לֶאָמֶץ**. רק בארבע־עשרה מֶדינוֹת בכֹּל העוֹלָם זוּגוֹת חָד־מִינִיִים יֶכוֹלִים לֶאָמֶץ ילדים.

רוברט הוא בְּרִיטִי וסמואל הוא מדְרוֹם אָמֶריקה. הם לא **חוֹשְׁבִים** לגור בדרום אמריקה, לֶפַּחוֹת לא כָּרֶגָע, כּי בלונדון יש לֶשְׁנֵיהֶם עבודה טובה והרבה חברים.

המִשְׁפָּחוֹת של רוברט וסמואל מאוד שְׂמֶחוֹת. בָּהָתְחָלָה היה להם קָשֶׁה **לֶקָבֶּל** את העוּבְדָה שהבָּנים שלהם **רוֹצִים** להתְחָתֶן עם גֶבֶר ולא עם אישה, אבל בֶּסוֹפוֹ של דָבָר כוּלָם **הִתָרְגְלוּ** לָרָעְיוֹן **ושָׂמְחוּ** שרוברט וסמואל **מָצְאוּ** אֶחָד את הָשֶׁנִי.

בניין הִתְפַּעֵל

Dritter Binjan: „Hitpael“

- Entweder ein Prozess oder eine Veränderung: Kleidung anziehen, eine neue Frisur bekommen
- Manchmal auch eine Aktivität, die man (mit sich) selbst tut (reflexiv): sich selbst Kleidung anziehen
- Wenn es nicht reflexiv ist, erfordert es meistens die Handlung von zwei Personen mit- oder zueinander: küssen, heiraten
- Es ist ein aktiver Binjan, aber manchmal kann die Bedeutung des Verbs passiv sein

Häufig verwendete Verben:

Fortschritte machen	להתקדם
einen Job kündigen	להתפטר
alt werden, altern	להזדקן

sich ärgern, sich aufregen	להתרגז
etw./sich entwickeln	להתפתח
aufgeregt sein	להתרגש

Volle Konjugation:

sich anziehen (reflexiv)	לְהִתְלַבֵּשׁ ל.ב.ש

עָתִיד	הוֹוֶה	עָבָר	גוף
אֶתְלַבֵּשׁ	מִתְלַבֵּשׁ/ת	הִתְלַבַּשְׁתִּי	אני
תִּתְלַבֵּשׁ	מִתְלַבֵּשׁ	הִתְלַבַּשְׁתָּ	אתה
תִּתְלַבְּשִׁי	מִתְלַבֶּשֶׁת	הִתְלַבַּשְׁתְּ	את
יִתְלַבֵּשׁ	מִתְלַבֵּשׁ	הִתְלַבֵּשׁ	הוא
תִּתְלַבֵּשׁ	מִתְלַבֶּשֶׁת	הִתְלַבְּשָׁה	היא
תתלבְּשו	מִתְלַבְּשִׁים	הִתְלַבַּשְׁתֶּם	אתם
תִּתְלַבְּשְׁו	מִתְלַבְּשׁוֹת	הִתְלַבַּשְׁתֶּן	אתן
יִתְלַבְּשׁוּ	מִתְלַבְּשִׁים	הִתְלַבְּשׁוּ	הם
יִתְלַבְּשׁוּ	מִתְלַבְּשׁוֹת	הִתְלַבְּשׁוּ	הן
נִתְלַבֵּשׁ	מִתְלַבְּשִׁים/ות	הִתְלַבַּשְׁנוּ	אנחנו

1

נתחו את הפעלים המסומנים בטקסט לפי בניין, שם פועל וזמן
Schaut euch die Verben im Text genau an und vervollständigt die Tabelle

פועל Verb	שורש Shoresh	גוּף Pronomen	זְמָן Zeitform	שֵׁם פּוֹעַל Infinitiv	תרגום Übersetzung
גָּרִים				לגור	
שׂוֹכֵר					
מִתְחַתֶּנֶת				להתחתן	
הִתְרַגַּשְׁנוּ					
תִּתְנַשְּׁקוּ					
רוֹצִים					
				לְאַמֵּץ	
				לְקַבֵּל	

2

הטו את השורש נכון לפי שם הגוף והזמן
Konjugiert entsprechend des Pronomens und der Zeitform

א. הילה ___________ [ר.ג.ש] לְלַמֵּד אוֹתִי עִבְרִית **היום**.

ב. אנחנו ___________ [ח.ת.ן] בלונדון **בשנה שעברה**.

ג. סמואל ___________ [ל.ב.ש.] לחתונה שלו **אתמול**.

ד. אתם ___________ [נ.ש.ק] **אתמול**. גם **מחר** אתם ___________ [נ.ש.ק].

ה. היא ___________ [פ.ט.ר] מהעבודה שלה **מחר**.

ו. אני ___________ [ר.ג.ז] על אמא ואבא שלי **כל הזמן**.

ז. את ___________ [פ.ט.ר] מהעבודה במשרד **מחר**.

בעוד שבוע את ___________ [נ.ס.ע] לטיול מִסָּבִיב לָעוֹלָם.

ח. אתה ___________ [ל.ב.ש] **לפני חודש** בחדר הקטן בבית שלך.

ט. מיכל ודנה ___________ [ר.ג.ש] לבוא לחתונה של סמואל ורוברט בשנה שעברה.

הן ___________ [ר.צ.ה] לקנות להם מתנה גדולה ויְקָרָה.

מילות היחס "את", "עם" ו-"ליד"

Präpositionen und Pronominalsuffixe „et“, mit und neben

Ähnlich wie in Kapitel 8 können die Pronominalsuffixe mit jeder Präposition vorkommen. In einigen Fällen haben sie eine einzigartige Form:

אֶת	עִם	לְיַד
Akkusativobjekt „et“	mit	neben

גוף Pronomen	סיומת Suffix	מילת היחס "את" משתנה בהטייה ל-"אות..." את wird zu אות ...	מילת היחס "עם" משתנה בהטייה ל-"אית..." עם wird zu אית ...	ליד
אני	ִי	אוֹתִי	אִיתִי	לֵיָדִי
אתה	ְךָ	אוֹתְךָ	אִיתְךָ	לֵיָדְךָ
את	ָךְ	אוֹתָךְ	אִיתָךְ	לֵיָדֵךְ
הוא	וֹ	אוֹתוֹ	אִיתוֹ	לֵיָדוֹ
היא	ָה	אוֹתָה	אִיתָה	לֵיָדָה
אתם	ְכֶם	אוֹתְכֶם / אֶתְכֶם	אִיתְכֶם	לֵיָדְכֶם
אתן	ְכֶן	אוֹתְכֶן / אֶתְכֶן	אִיתְכֶן	לֵיָדְכֶן
הם	ָם	אוֹתָם	אִיתָם	לֵיָדָם
הן	ָן	אוֹתָן	אִיתָן	לֵיָדָן
אנחנו	ָנוּ	אוֹתָנוּ	אִיתָנוּ	לֵיָדֵינוּ

3 **בחרו: "אותי" או "איתי"**

Wählt aus: „mich“ oder „mit mir“

א. הילה אוהבת ___________.

ב. סטפני, את רוצה לנסוע ___________ לפריז?

ג. אבא לא שומע ___________.

ד. הם יטוסו ___________ לברלין.

ה. את יכולה לשאול ___________ מה שאת רוצה.

ו. הילדים מחפשים ___________ את הכלב שלי.

ז. כל יום הילדים הולכים ___________ לשחק בפארק.

ח. לפני שאתה יוצא לאוניברסיטה, תדבר ___________ בבקשה.

4

תרגמו את המשפטים
Übersetzt die Sätze

1. Sie liebte **uns**.

   היא אוהבת אותנו

2. Ich werde **mit euch**, Tom und Mohammed, in ein Restaurant gehen.

   ____

3. Ich sehe **dich** morgen, Hila.

   ____

4. Ich gehe **mit euch**, Stephanie und Nina, jeden Tag zur Schule.

   ____

5. Ich sah **ihn**.

   ____

6. Ich sitze **neben ihr**.

   ____

7. Sie werden **neben ihnen** laufen.

   ____

8. Die Studierenden sind gestern **neben mir** gelaufen.

   ____

9. Sie liebte **sie**.

   ____

10. Sie **wird dich** lieben, Hila.

   ____

גוף Pronomen	סיומת Suffix	בִּגְלָל weil	לִפְנֵי (da)vor	אַחֲרֵי (da)nach	אֵצֶל bei	בִּשְׁבִיל für
אני	ִי	בִּגְלָלִי	לְפָנַיי	אַחֲרַיי	אֶצְלִי	בִּשְׁבִילִי
אתה	ךָ	בִּגְלָלְךָ	לְפָנֶיךָ	אַחֲרֶיךָ	אֶצְלְךָ	בִּשְׁבִילְךָ
את	ךְ	בִּגְלָלֵךְ	לְפָנַיִךְ	אַחֲרַיִךְ	אֶצְלֵךְ	בִּשְׁבִילֵךְ
הוא	וֹ	בִּגְלָלוֹ	לְפָנָיו	אַחֲרָיו	אֶצְלוֹ	בִּשְׁבִילוֹ
היא	הּ	בִּגְלָלָהּ	לְפָנֶיהָ	אַחֲרֶיהָ	אֶצְלָהּ	בִּשְׁבִילָהּ
אתם	כֶם	בִּגְלַלְכֶם	לִפְנֵיכֶם	אַחֲרֵיכֶם	אֶצְלְכֶם	בִּשְׁבִילְכֶם
אתן	כֶן	בִּגְלַלְכֶן	לִפְנֵיכֶן	אַחֲרֵיכֶן	אֶצְלְכֶן	בִּשְׁבִילְכֶן
הם	ם	בִּגְלָלָם	לִפְנֵיהֶם	אַחֲרֵיהֶם	אֶצְלָם	בִּשְׁבִילָם
הן	ן	בִּגְלָלָן	לִפְנֵיהֶן	אַחֲרֵיהֶן	אֶצְלָן	בִּשְׁבִילָן
אנחנו	נוּ	בִּגְלָלֵנוּ	לְפָנֵינוּ	אַחֲרֵינוּ	אֶצְלֵנוּ	בִּשְׁבִילֵנוּ

5 **תרגמו את המשפטים**

Übersetzt die Sätze

1. Tom, bleibst du dieses Wochenende bei ihr?

   טום, אתה נשאר אצלה בסוף הַשָּׁבוּעַ?

2. **Stephanie und Hila**, bleiben die Katze bei euch diesen Sommer?

   ____

3. Wir laufen **vor ihnen.**

   ____

4. Sie wird **nach uns** kommen.

   ____

5. Wird Hila **ihm ihr** Geschenk geben?

   ____

6. **Nina**, ist das Geschenk **für dich**?

   ____

6

כתבו את מילת היחס "בשביל" / "אצל" / "בגלל" בצורה הנכונה

Konjugiert die Präpositionen „für“ / „bei“ / „weil“ in der richtigen Form

א. אבא שלי גר בניו־יורק. כשאני אטוס לשם אני אגור ____________.

ב. למה את איחרת להופעה? ____________ הפסדנו את ההתחלה.

ג. המורה מיכאל אוהב את התלמידים שלו והוא יעשה ____________ הכל.

ד. טום, למה לא עשית קניות? ____________ עכשיו אני לא יכולה לשתות קפה.

ה. סטודנטיות, מה אני יכולה לעשות ____________?

ו. אני אוהבת לישון ____________. תמיד יש לך בבית כל מה שצריך.

הטיות "התפעל" מיוחדות

Besondere Hitpael-Konjugation - bei unregelmäßigen Verben

- Wenn der erste Buchstabe des Shoresh **ש** / **ס** ist, dann kommt der Buchstabe **ת** des Hitpael nach **ש** / **ס**:

  הִתְסַפֵּר > **הִסְתַּפֵּר** (ס.פ.ר, er hat einen Haarschnitt bekommen)
  התשמש > **הִשְׁתַּמֵּשׁ** (ש.מ.ש, er benutzte)
  התשפר > **הִשְׁתַּפֵּר** (ש.פ.ר, er verbesserte)

- Wenn der erste Buchstabe des Shoresh **ז** ist, dann kommt der Buchstabe **ת** des Hitpael zuerst und das **ת** wird zu einem **ד**:

  הִתְזַמֵּן > הִזְתַּמֵּן > **הִזְדַּמֵּן** (ז.מ.ן, er hatte die Gelegenheit [für etw.])
  הִתְזַקֵּן > הִזְתקן > **הִזְדַּקֵּן** (ז.ק.ן, er ist alt geworden)

- Wenn der erste Buchstabe des Shoresh **צ** ist, dann kommt der Buchstabe **צ** des Hitpael zuerst und das **ת** wird zu einem **ט**:

  הִתְצַלֵּם > הִצְתַּלֵּם > **הִצְטַלֵּם** (צ.ל.ם, er hat sich fotografieren lassen)
  הִתְצַעֵר > הִצְתַעֵר > **הִצְטַעֵר** (צ.ע.ר, es tat ihm leid)

- Wenn der erste Buchstabe des Shoresh **ת** ist, schreiben wir das Verb nur mit einem **ת**:

  הִתְתַּמֵּם > **הִתַּמֵּם** (ת.מ.ם, er benahm sich naiv)

- Wenn der erste Buchstabe des Shoresh **ד** / **ט** ist, dann schreiben wir nur das **ד** / **ט** und entfernen das **ת**:

  הִתְטַמֵּן > הִטְטַמֵּן> **הִטַּמֵּן** (ט.מ.ן, er wurde begraben)

7 ## נתחו את הפעלים
Vervollständigt die Tabelle

פועל Verb	שורש Shoresh	גוף Pronomen	זְמָן Zeitform	תרגום Übersetzung
הצטערתי				
משתפרת		את		
	ס.פ.ר	את	עבר	du hast deine Haare geschnitten
	צ.ל.ם	אנחנו	הווה	wir lassen uns fotografieren
יזדמן				er hatte die Gelegenheit (für etw.)
נזדקן				wir werden alt werden
תשתפרי				
	צ.ע.ר	הם	עבר	
	ז.ק.ן	הוא	עתיד	

8 ## הטו את הפעלים נכון
Konjugiert die Verben in der richtigen Form

א. הילה ___________ [צ.ל.ם] איתי היום.

ב. אנחנו ___________ [צ.ל.ם] בלונדון שנה שעברה.

ג. סמואל אף פעם לא ___________ [ז.ק.ן], הוא תמיד ייראה טוב.

ד. הילדים ___________ [ז.ק.ן] מהר.

ה. היא ___________ [צ.ע.ר] שלא באה למסיבה.

ו. אם אני לא ___________ [ב.ו.א] ליום הולדת מחר אני ___________ [צ.ע.ר] מאוד.

ז. מתי את כבר ___________ [ס.פ.ר]? השֵׂיעָר שלך מאוד אָרוֹךְ!

ח. אתם ___________ [ז.מ.ן] לחתונה של רוברט שנה שעברה?

מֶזֶג הָאֲוִויר בְּיִשְׂרָאֵל

Das Wetter in Israel

בַּקַּיִץ חָם מאוד בישראל, בְּדֶרֶךְ כְּלָל יש **שָׁרָב**, ובתל־אביב לא יוֹרֵד **גשם**, ויש 30 מַעֲלוֹת, או יותר. אַף פַּעַם לא יורד **שֶׁלֶג** בתל־אביב. לִפְעָמִים **בחוֹרֶף** יורד שֶׁלֶג בירושלים, וגם קָר שם יותר. לפעמים מַמָּשׁ **קָפוּא**. **באָבִיב** נָעִים, יש גם שמש, גם גשם, יש עֲנָנִים ולפעמים יש **קֶשֶׁת בֶּעָנָן**. בַּיום חַמִּים וּבָעֶרֶב קָרִיר. בסְתַיו גם נעים, אבל הסתיו בישראל קָצָר מאוד. בדֶרֶךְ כְּלָל חם מאוד מאוד, ואז קצת פָּחוֹת חם, ואז לא חם, אבל גם לא בֶּאֱמֶת קר. לא כְּמוֹ באֵירוֹפָּה.

היום אני נוסעת לתל־אביב, אני מְקַוָּוה שֶׁיִּהְיֶה **מֶזֶג אֲוִויר** טוב. בָּאִינְטֶרְנֶט כָּתוּב שיש 29 מַעֲלוֹת ושמש. בירושלים רק 25 מַעֲלוֹת ביום, ובלילה 15 מעלות. מחר אָמוּר לָרֶדֶת גשם בירושלים. בַּדָּרוֹם, באֵילַת, הָיוּ אתמול 37 מעלות. בצָפוֹן, בעַכּוֹ, יָרַד אתמול גשם.

Sommer kaiz	קיץ
Frühling awiw	אביב
Winter choref	חורף
Herbst staw	סתיו
Hitzewelle sharaw	שרב
Frost kafu	קפוא
Es schneit Es schneite Es wird schneien	יוֹרֵד שֶׁלֶג יָרַד שלג יֵירֵד שלג
Es regnet Es regnete Es wird regnen	יוֹרֵד גֶּשֶׁם יָרַד גשם יֵירֵד גשם

שמש / שמשי

מְעוּנָּן חֶלְקִית

בְּרָקִים ורְעָמִים

קֶשֶׁת בֶּעָנָן

שֶׁלֶג

גֶּשֶׁם

9 **ענו על השאלות**
Beantwortet die Fragen

א. מה מזג האוויר בקיץ בישראל?

ב. מה מזג האוויר באביב בישראל?

ג. מה מזג האוויר בתל־אביב היום?

ד. איפה ירד אתמול גשם?

---

10 **תרגמו את המשפטים**
Übersetzt die Sätze

1. Heute regnet es in Paris.

---

2. Es schneite letztes Jahr in Jerusalem.

---

3. Nächste Woche wird es in Tel Aviv regnen.

---

4. Ich liebe es, in heißen Gegenden mit viel Sonnenschein Urlaub zu machen.

---

5. Ich bevorzuge Urlaube in kalten, verschneiten Gegenden.

---

6. Ich habe gestern Morgen einen Regenbogen gesehen.

---

7. In Eilat sind es jetzt 37 Grad.

---

8. Die Kinder mögen Gewitter nicht.

---

9. Jedes Jahr steigt [ע.ל.ה] die Temperatur um 2 Grad.

---

einander echad et hasheni	אחד את השני
jeden Tag kol jom	כל יום
weil biglal	בגלל
bei (jemandem) ezel	אצל
für bishwil	בשביל
Wetter meseg awir	מזג אוויר
Sommer kaiz	קיץ
Winter choref	חורף
Herbst staw	סתיו
Frühling awiw	אביב
Sonne / sonnig shemesh / shimshi	שמש / שימשי
Schnee / verschneit sheleg / mushlag	שלג / מושלג
Regen / regnerisch geshem / gashum	גשם / גשום
teilweise bewölkt meunan chelkit	מעונן חלקית
Wolke/n anan / ananim	ענן / עננים
Blitz/e barak / brakim	ברק / ברקים
Donner raam / re-a-mim	רעם / רעמים
Regenbogen keshet be-anan	קשת בענן
Frost kafu	קפוא
Hitzewelle sharaw	שרב

zusammen be-ja-chad	ביחד
Nachbarschaft s'chu-na	שכונה
Raum / Räume cheder / chadarim	חדר / חדרים
Gebäude binjan	בניין
am Ende basof	בסוף
letztlich sof-sof	סוף־סוף
Hochzeit chatuna	חתונה
Gesetz/e chok / chukim	חוק / חוקים
Paar sug	זוג
gleichgeschlechtliches Paar sug chad mini	זוג חד־מיני
Westen maaraw	מערב
Glück masal	מזל
erlaubt mutar	מותר
nicht erlaubt asur	אסור
Schwule/r homo / homoim	הומו / הומואים
Lesbe/n lesbit / lesbiot	לסבית / לסביות
Süden darom	דרום
momentan karega	כרגע
Fakt uwda	עובדה
Idee raajon	רעיון

אוצר מילים

פעלים Verben	
heiraten lehitchaten	להתחתן
sich anziehen lehitlabesh	להתלבש
sich aufregen/ärgern lehitrages	להתרגז
küssen lehitnashek	להתנשק
(ver-) ändern lehistanot	להשתנות
sich an etw. gewöhnen lehitragel	להתרגל
kündigen (einen Job) lehitpater	להתפטר
einen Haarschnitt bekommen lehistaper	להסתפר
(sich) entwickeln lehitpateach	להתפתח
alt werden, altern lehisdaken	להזדקן
Fortschritte machen lehitkadem	להתקדם
etw./jmd. beitreten lehiztaref	להצטרף
(sich) verbessern lehishtaper	להשתפר
etw. bedauern lehiz-ta-er	להצטער
sich fotografieren lassen le-hiz-talem	להצטלם
heruntergehen laredet	לרדת
steigen la-alot	לעלות
hoffen lekawot	לקוות
eine Gelegenheit haben lehisdamen	להזדמן

Grad ma-a-la / ma-a-lot	מעלה / מעלות
heiß / warm cham / chamim	חם / חמים
kalt / kühl kar / karir	קר / קריר
als kmo	כמו
Europa eropa	אירופה
Internet internet	אינטרנט
sollen amur le	אמור ל
Nord zafon	צפון
Akko ako	עכו
Eilat ejlat	אילת
Ort / Gegend makom	מקום
nochmal, wieder shuw	שוב
Temperatur temperatura	טמפרטורה
normalerweise bederech klal	בדרך כלל
teuer jakar	יקר
Wochenende sof ha-sha-wu-a	סוף השבוע
Haar se-ar	שיער
lang aroch	ארוך
manchmal lifamim	לפעמים

רק רגע!
מה למדנו בפרק ט'?

Moment mal! Was haben wir in Kapitel 9 gelernt?

1. אוצר מילים של 50 מילים ו־19 פעלים חדשים.
   50 neue Vokabeln und 19 neue Verben.

2. הטיות של פעלים בבניין התפעל. לדוגמא: אני **התלבשתי** / אני **מתלבש** / אני **אתלבש**
   Verben in der Hitpael-Struktur zu konjugieren.

3. הטיות יוצאות־דופן במבנה התפעל.
   Unregelmäßige Verben in der Hitpael-Struktur.

הִסְתַּפֵּר	הִזְדַּקֵּן	הִצְטַלֵּם	הִצְטַעֵר	הִשְׁתַּפֵּר
ס.פ.ר	ז.ק.ן	צ.ל.ם	צ.ע.ר	ש.פ.ר

4. אוצר מילים מתחום מזג האוויר, עונות השנה, ועוד.
   Vokabeln, um über das Wetter, die Jahreszeiten, etc. zu sprechen.

5. הטיות בצירוף כינויי שייכות של מילות היחס: **את, עם, ליד**
   Präpositionen nach Pronominalsuffixen zu konjugieren.

אֶת „et“-Präpositionen	עִם mit	לְיַד neben
אוֹתִי	אִיתִי	לְיָדִי

6. הטיות בצירוף כינוי שייכות של מילות היחס: **בגלל, לפני, אחרי, אצל, בשביל**
   Präpositionen nach Pronominalsuffixen zu konjugieren.

	סיומת Suffix	בִּגְלַל weil	לִפְנֵי (da)vor	אַחֲרֵי (da)nach	אֵצֶל bei	בִּשְׁבִיל für
אני	י	בִּגְלָלִי	לְפָנַיי	אַחֲרַיי	אֶצְלִי	בִּשְׁבִילִי

תרגילי חיזוק לפרק ט'

Wiederholungsübung Kapitel 9

1 **שנו את המשפטים לזמן עתיד. שימו לב לבניין (פעל, פיעל והתפעל)**

Übertragt die Sätze ins Futur. Beachtet dabei die Struktur und das Binjan (Paal, Piel und Hitpael).

א. את הָלַכְתְ אתמול בגשם ברחוב בתל־אביב.

שורש: ________________ בניין: ________________

____

ב. הם מְדַבְּרִים כל היום על מזג האוויר.

שורש: ________________ בניין: ________________

____

ג. אנחנו הִתְחַתַּנּוּ שנה שעברה בקיץ, היה שימשי ונהדר!

שורש: ________________ בניין: ________________

____

ד. אתה רָצִיתָ לנסוע לשטוקהולם בחורף, כדי לטייל בשלג.

שורש: ________________ בניין: ________________

____

ה. אני קִיבַּלְתִּי שלוש חולצות חדשות וחַמּוֹת בשביל הסְתָיו.

שורש: ________________ בניין: ________________

____

ו. אחרי החתונה, דינה וסטפני מִתְנַשְּׁקוֹת, וכל המשפחה חוֹגֶגֶת להן.

שורש: ________________ בניין: ________________

____

ז. אתן אוֹהֲבוֹת מזג אוויר גשום ואת החורף, אבל אני לא אוהבת חורף, אני אוהבת יותר קיץ.

שורש: ________________ בניין: ________________

____

ח. היא הִסְתַּפְּרָה קצר שבוע שעבר, כי חם לה בקיץ עם שיער ארוך.

שורש: ________________ בניין: ________________

____

2

בחרו את התשובה הנכונה
Wählt die richtige Antwort aus

א. לנינה יש שלושה חברים. היא רוצה ללכת [אותם / איתם / אתם] למסיבה.

ב. בכיתה יש שלושים ילדות. המורה רוצה ללמד [אותם / אותן / איתן].

ג. יש למיכאל כלב. זה הכלב [שלה / שלו / שלי].

ד. אני הלכתי עם הילדים שלי לפארק. אני הלכתי [עימם / עם הם / איתם].

ה. אני ראיתי [אותך / איתך / אתכם] סטפני!

ו. אני גר בבית מספר 6 והילה גרה בבית מספר 7. אני גר [לידו / לידה / אצלה].

ז. טום לא בא ליום הולדת שלי. [בגללך / בגללם / בגללו] אני עָצוּב.

ח. אִיתָמָר גר בדירה הראשונה, ואתה גר בדירה השנייה. איתמר גר [לפניךָ / לפניךְ / לפנַי].

ט. אני למדתי אוֹמָנוּת בגיל 16 ואת למדתְ אומנות בגיל 18.

את למדת אומנות [אחריךָ / אחריךְ / אחרַי].

י. הילה: כל המִשְׁפָּחָה באה למסיבת יום הולדת שלי.

טום: המסיבה הָיְיתָה [אצלֵךְ / אצלָה / אצלוֹ]?

הילה: כן, וכוּלָם הֵבִיאוּ [בשבילוֹ / בשבילִי / בשבילָה] הרבה מתנות!

טום: מצוין! עד מָתַי הייתה המסיבה?

הילה: עד שְׁתֵים עֶשְׂרֵה בלילה...

טום: ומה עשיתְ [אחרֵיהַ / אחרָיִךְ / אָחְרֵיהֶם]?

הילה: מה אתה חושב? הלכתי לישוֹן!

3

כתבו את שם הפועל
Schreibt den Infinitiv auf

א. שורש: **ס.פ.ר** בניין: **פיעל** שם פועל: ______________ תרגום: ______________

ב. שורש: **ס.פ.ר** בניין: **פעל** שם פועל: ______________ תרגום: ______________

3. שורש: **ס.פ.ר** בניין: **התפעל** שם פועל: ______________ תרגום: ______________

4. שורש: **ד.ב.ר** בניין: **פיעל** שם פועל: ______________ תרגום: ______________

5. שורש: **ל.ב.ש** בניין: **התפעל** שם פועל: ______________ תרגום: ______________

6. שורש: **ל.ב.ש** בניין: **פעל** שם פועל: ______________ תרגום: ______________

7. שורש: **צ.ע.ר** בניין: **התפעל** שם פועל: ______________ תרגום: ______________

8. שורש: **צ.ל.ם** בניין: **התפעל** שם פועל: ______________ תרגום: ______________

4 **כתבו את הפועל המתאים בזמן הנכון**

Schreibt das passende Verb in der korrekten Zeitform auf

א. אין לנו בבית מים חמים וכבר שבוע לא ***התקלחנו***.

ב. הילה ויוליה ___________ בשנת 2016.

ג. מוחמד מאוד ___________, מחר הוא ___________ לפגישה חשובה.

ד. אמא שלי ___________ כל תינוק שהיא רואה באוטובוס. זה מביך!

ה. אמא שלי ואבא שלי כבר לא ___________. הם ___________ לפני הרבה מאוד זמן.

ו. אתמול ___________ בבגדים קצרים כי היה חם, ומחר אנחנו ___________

בבגדים ארוכים כי יהיה קר.

ז. ההורים שלי ___________ מהר מדי.

להתלבש / להצטרף / להתחתן / לנשק / להתקלח / להתרגש / להתחתן / להזדקן / להתנשק

5 **כתבו את המשפטים בזמן עתיד**

Schreibt die Sätze im Futur auf

א. הילדים התרחצו אתמול בים של תל־אביב. ___________________________

ב. שנה שעברה הוא התאהב בשלושה בחורים שונים. ___________________________

ג. אני התרגשתי כי קיבלתי 100 במבחן. ___________________________

ד. הסטודנטים התווכחו כל הלילה על פוליטיקה. ___________________________

ה. אני הצטערתי מאוד שלא נסעתי לטיול לפריז. ___________________________

הקוֹמוּנָה

Leben in einer Kommune

יָסְמִין גרה בבית גדול בחיפה. יש בבית שישה חַדְרֵי־שֵׁינָה, סָלוֹן וּמִטְבָּח אחד. יש ליסמין מִשְׁפָּחָה מְיוּחֶדֶת: ארבעה הוֹרִים, ושלושה אחים. יסמין תמיד **מַסְבִּירָה** בבית־הספר שהיא גרה בקומונה: הרבה אנשים ש**מַאֲמִינִים** שיותר טוב לִחְיוֹת בְּיַחַד במשפחה גדולה מֵאֲשֶׁר במשפחה קטנה. המְבוּגָּרִים במשפחה שלה לא מאמינים שצָרִיךְ להִתְחַתֵּן כדי לגור ביחד. וגם לא צריך להיות רק שני הורים בִּיוֹלוֹגִיִּים וילדים ביולוגיים. הם **הֶמְצִיאוּ** מִסְגֶּרֶת ש**מתאימה** להם יותר: הקומונה. בקומונה כולם אוהבים אֶחָד אֶת הַשֵּׁנִי, כולם עוֹזְרִים אחד לשני, וכולם מַרְגִּישִׁים שחָשׁוּב לדבר אחד עם השני, על הכל. לפעמים יסמין חושבת שבמשפחה שלה מדברים יותר מדי. אבל היא אוהבת שיש לה משפחה מיוחדת. לכל הילדים בכיתה שלה יש משפחה רְגִילָה וּמְשַׁעֲמֶמֶת.

להורים של יסמין קוראים: אמא נוֹעָה, אמא שִׁירְלִי, אבא עֶרָן ואבא עוֹפֶר.

לאחים של יסמין קוראים: נֶטַע, אָלוֹן ונָדָב.

במטבח, ההורים **מַאֲכִילִים** את הילדים. יסמין היא האחות הכי גדולה. היא לפעמים עוזרת לאבא עופר ואבא ערן עם הילדים הקטנים: היא **מוֹשִׁיבָה** את נטע בכִּיסֵא, היא **מוֹרִידָה** את נדב מהשוּלְחָן, היא **מַחְזִיקָה** את אלון התִינוֹק, היא **מְכִינָה** לְעַצְמָה שׁוֹקוֹ חַם.

ליסמין יש שְׁתֵי אִימָהוֹת ושְׁנֵי אָבוֹת, וגם ארבע סָבְתוֹת וארבעה סָבִים. סָבָּא אחד שלה, סבא אַבְרָהָם, גר בחיפה. סָבְתָא אחת שלה, דִיצָה, גרה בתל־אביב. אבל יש לה גם סבא וסבתא שגרים במוֹנְטְרִיאוֹל, עוֹד סבא וסבא שגרים בבְּאֵר שֶׁבַע, ועוד סבא וסבתא שגרים בקִיבּוּץ בנֶגֶב. יסמין אוהבת את כל ההורים שלה, את כל הסבתות שלה, את כל הסבים שלה. והיא הכי הכי אוהבת את האח הקטן שלה, אלון.

בניין הִפעיל

Das vierte Binjan: „Hif-il“

- Immer aktiv.
- Erfordert normalerweise die Beteiligung von zwei Subjekten, eines davon führt eine Handlung mit/an dem anderen aus (jemanden füttern, jemanden anziehen, etwas halten).

Volle Konjugation:

jemanden anziehen	לְהָלְבִּיש ל.ב.ש

גוף	זמן עבר	זמן הווה	זמן עתיד
אני	הִלְבַּשְׁתִּי	מַלְבִּיש / מַלְבִּישָׁה	אַלְבִּיש
אתה	הִלְבַּשְׁתָּ	מַלְבִּיש	תַּלְבִּיש
את	הִלְבַּשְׁתְּ	מַלְבִּישָׁה	תַּלְבִּישִׁי
הוא	הִלְבִּיש	מַלְבִּיש	יַלְבִּיש
היא	הִלְבִּישָׁה	מַלְבִּישָׁה	תַּלְבִּיש
אתם	הִלְבַּשְׁתֶּם	מַלְבִּישִׁים	תַּלְבִּישׁוּ
אתן	הִלְבַּשְׁתֶּן	מַלְבִּישׁוֹת	תַּלְבִּישְׁו
הם	הִלְבִּישׁוּ	מַלְבִּישִׁים	יַלְבִּישׁוּ
הן	הִלְבִּישׁוּ	מַלְבִּישׁוֹת	יַלְבִּישְׁו
אנחנו	הִלְבַּשְׁנוּ	מַלְבִּישִׁים	נַלְבִּיש

Häufig verwendete Verben:

vorbereiten le-ha-chin	להכין	füttern le-ha-a-chil	להאכיל
halten le-hach-sik	להחזיק	glauben le-ha-a-min	להאמין
erklären le-has-bir	להסביר	erfinden le-ham-zie	להמציא
leiten le-had-rich	להדריך	passen, entsprechen le-hat-im	להתאים

1 **נתחו את הפעלים המסומנים בטקסט לפי בניין, שם פועל וזמן**
Analysiert die Verben nach Binjan, Infinitiv und Zeit und vervollständigt die Tabelle

פועל Verb	שורש Shoresh	גוף Personalpronomen	זְמַן Zeit	שם פועל Infinitiv
מַסְבִּירָה				
מַאֲמִינִים				
הִמְצִיאוּ				
מַתְאִימָה				
מַאֲכִילִים				
מוֹשִׁיבָה	י.ש.ב			להושיב
מוֹרִידָה	י.ר.ד			להוריד
מַחְזִיקָה				

2 **הטו את השורש נכון לפי שם הגוף והזמן**
Konjugiert die Wurzel entsprechend dem Pronomen und der Zeitform

א. יסמין ___________ [ד.ר.ך] אתמול את נדב איך להכין שוֹקוֹ חם.
היא ___________ [ס.ב.ר] לו הֶסְבֵּר מָלֵא.

ב. אמא שירלי ___________ [ש.ב.ע] את יסמין לא לספר לנדב שהיא קיבלה גְלִידָה.

ג. אבא עופר ___________ [ק.ד.ש] מחר את הבְּרָכָה שלו ליסמין.

ד. אבא ערן ___________ [ש.מ.ע] עכשיו לכל הילדים מוזיקה מאַלְגִ'יר.

ה. אמא נועה ___________ [ס. כ. ם] אתמול לקחת את כל הילדים לקולנוע?

ו. אנחנו ___________ [ב.ט.ח] שבוע שעבר לסבא וסבתא שנבוא אליהם בראֹש הַשָּׁנָה.

ז. יסמין רוצה ___________ [א.כ.ל] את החתולים.

ח. אתמול נדב ___________ [ד.ל.ק] בְּטָעוּת את התָנוּר, ו___________[פ.ח.ד]
את יסמין, אבל היא ___________ [צ.ל.ח] לבד לְכָבּוֹת את האֵשׁ.
היא ___________ [א.מ.ר] לאמא נועה שהיא כבר ילדה גדולה ואפשר לִסְמוֹךְ עָלֶיהָ.

סמיכות

Zusammengesetzte Substantive (Smichut)

Wenn zwei oder mehr Substantive nebeneinander stehen oder zusammengezogen wurden, stehen sie in konstruktiver Beziehung zueinander. Diese Form wird im Hebräischen als Smichut bezeichnet. Die Konstruktkette wirkt sich grammatisch auf beide Wörter aus. Die Veränderungen unterscheiden zwischen maskulin und feminin sowie zwischen dem ersten Teil der Kette und dem zweiten.

♂	♀	
בֵּית־ספר Schule wörtlich: Haus des Buches Keine grammatikalische Änderung, nur eine geringfügige Anpassung der Vokale und Akzente: בַּיִת ba-it > בֵּית bejt	חֶבְרַת־חַשְׁמָל Elektrizitätsunternehmen wörtlich: Firma der Elektrizität Endet das erste Wort auf ה, endet es im Smichut ist ת: חֶבְרָה > חֶבְרַת	**יחיד** Singular
בתי־ספר Das zweite Wort bleibt im Singular. Das erste Wort bekommt ein י, aber nicht das מ der Pluralendung: **בתים > בָּתֵי**	חֶבְרוֹת־חַשְׁמָל Keine grammatikalische Änderung des ersten Wortes, reguläre feminine Pluralform. Das zweite Wort bleibt im Singular.	**רבים** Plural
בַּיִת־הספר PL. בָּתֵי־הספר die Schule die Schulen Die ה erscheint nur beim zweiten Wort.	חברת־החשמל PL. חברות־החשמל die Elektrizitätsfirma die Elektrizitätsfirmen Die ה erscheint beim zweiten Wort.	**עם "ה" הידיעה** Mit bestimmtem Artikel

Weitere Beispiele:

der Arbeiter des Zuges ♂ **der Zugarbeiter / die Zugarbeiter**	העובֵד של הרָכֶּבֶת **עובד־הרכבת / עובדי־הרכבת**
die Managerin der Bank ♀ **die Bankmanagerin / die Bankmanagerinnen**	המְנָהֶלֶת של הבָּנְק **מנהלת־הבנק / מנהלות־הבנק**
das Gespräch des Friedens ♀ **das Friedensgespräch / die Friedensgespräche**	השׂיחָה של השָׁלוֹם **שיחת־השלום / שיחות־השלום**

3 **צרו צירופי סמיכות מהמילים הבאות**
Bildet die Smichut-Form, der folgenden Wörter

א. הַבַּיִת של החוֹלִים ____________

ב. עונה של אֲבַטִּיחִים ____________

ג. חֶדֶר של ילדים ____________

ד. אֲרוּחָה של בוקר ____________

ה. התַהֲלִיך של הַשָּׁלוֹם ____________

ו. חדר של אוכל ____________

ז. תַּפּוּחַ של אֲדָמָה ____________

ח. הבית של הכְּנֶסֶת ____________

ט. ארוחה של ערב ____________

י. משפחה של כֹּהֵן ____________

4 **הפכו את צירופי הסמיכות מיחיד ורבים, ולהיפך**
Ändert diese Smichutformen von Plural in Singular und umgekehrt

א. בֵּית־החולים ____________

ב. בָּתֵּי־הספר ____________

ג. חֶבְרַת־הַמָּיִם ____________

ד. תַּהֲלִיך־הַשָּׁלוֹם ____________

ה. תֵּיבַת־דוֹאַר ____________

ו. מְסִיבַּת־יוֹם־הַהוּלֶדֶת ____________

ז. רוֹפְאַת־מִשְׁפָּחָה ____________

ח. שַׂחְקָנֵי־כַּדּוּרֶגֶל ____________

ט. בית־קפה ____________

י. סוֹף־שָׁבוּעַ ____________

יא. ארוחת־צהריים ____________

יב. חדרי־עבודה ____________

יג. בתי־כנסת ____________

5

שנו מיחיד לרבים

Ändert die Sätze von Singular zu Plural

א. אתמול **הייתה תְּאוּנַת־דְּרָכִים** בכְּבִישׁ מתל־אביב לחיפה.

____

ב. הַמֶּמְשָׁלָה מצאה **מורה חדש לבית־הספר**.

____

ג. יש **בְּעָיָה גדולה בחֶבְרַת־הַחַשְׁמָל** של ישראל.

____

ד. **האיש הזה עובד בבית־חולים**.

____

ה. **האישה הזאת עובדת בבית־ספר**.

____

ו. הילדים שלנו לא אוהבים ללכת **לרוֹפְאַת־מִשְׁפָּחָה**.

____

ז. יש לי **מַחֲלַת־יָם**, אני לא אוהבת לָשׁוּט **בסִירָה**.

____

ח. **הילד הזה מְחַכֶּה בתַחֲנַת־הָרַכֶּבֶת** כְּדֵי לנסוע לחיפה.

____

ט. **בבית־הקפה** של שירה יש **עוגת־שוקולד**.

____

6

בחרו את המילים הנכונות מהמחסן

Ergänzt die Lücken im Text mit den untenstehenden Wörtern

א. אתמול ____________ לא באו לעבודה

ב. ____________ במסעדה הזו פשוט מצויינת!

ג. כל ____________ בתל־אביב סגורות היום

ד. מתי יתחילו שוב ____________?

ה. ____________ שלי מלאה. כל יום אני מקבלת עשרה מכתבים

תחנות־הרכבת / שיחות־השלום / תיבת־הדואר / עובדי־המשרד / ארוחת־הבוקר

מילות חיבור

Konjunktionen (Binde- oder Fügewörter)

בַּהַתְחָלָה, נועה ועופר הֶכִּירוּ באוניברסיטה. **אַחַר כָּךְ** הם הֶחְלִיטוּ לִהְיוֹת זוּג. **אַחְרֵי** שלוש שנים הם רצו לגור ביחד, **אבל** נועה גרה עם שירלי והן אהבו לגור ביחד. נועה הֶצִּיעָה לעופר לַעֲבוֹר לגור איתן. **מְאוּחָר יותר**, שירלי הכירה את ערן, **וגם** הוא עבר לגור איתם. **אבל** הדירה כבר הייתה קטנה מדי לארבעה אנשים, **אָז** הם עברו לבית גדול עם גִּינָה. **אַךְ** הבית לא היה גדול מספיק, **כי** גם עופר וגם שירלי עבדו מהבית. **לָכֵן** הם חָשְׁבוּ **אִם** לִשְׂכּוֹר מִשְׂרָד **או** לעבור שוב דירה. היו הרבה משרדים בחיפה, **אוּלָם** הם הֶחְלִיטוּ לעבור לדירה גדולה יותר, שיהיו בה גם שני חַדְרֵי-עֲבוֹדָה. בבית החדש היה:

- סָלוֹן אחד גדול וְרָחָב עם הרבה חַלּוֹנוֹת, שולחן אוכל גדול, ושלוש סַפּוֹת.
- מטבח אחד גדול בלי שולחן אוכל.
- חֲדַר־עֲבוֹדָה בקומה הראשונה, ועוד חדר־עבודה בקומה השנייה.
- שני חַדְרֵי־ילדים – לַמְרוֹת שֶׁעוד לא היו ילדים!
- שלושה חַדְרֵי־שֵׁינָה: אחד לנועה ועופר, אחד לשירלי ואחד לערן.
- מַרְתֵּף – שהיה בו גם מִיטָה.
- גַּג – שלא היה בו כּלוּם, כי היה שם קר מאד ואי אפשר היה לגור שם.
- מִרְפֶּסֶת – קטנה עם הרבה עֲצִיצִים.
- בקומה הראשונה היו שני חַדְרֵי־שֵׁירוּתִים וַחֲדַר־אַמְבַּטְיָה. בקומה השנייה היה עוד חדר־שירותים עם מִקְלַחַת.

7 

בחרו את מילת הקישור המתאימה

Wählt die richtige Konjunktion

א. [בַּהַתְחָלָה / בַּסּוֹף / וְגַם] נועה ועופר הכירו.

ב. הם הֶחְלִיטוּ להיות זוּג. [אבל / אַחַר־כָּךְ / לַמְרוֹת שֶׁ] הם עברו לגור ביחד.

ג. הם רצו לגור עם עוֹד אנשים [או / לָכֵן / אוּלָם] הם החליטו לְהָקִים קומונה.

ד. לקומונה הִצְטָרְפוּ שירלי וערן [אחרי / אך / אִם] הבית לא היה גדול מספיק,
[למרות שֶׁ / בהתחלה / אז] הם עברו לבית חדש.

ה. בבית החדש היו להם שני חדרי־ילדים [וגם / למרות ש / בסוף] עוד לא היו להם ילדים.

ו. יסמין גרה בחדר לְבַד [כִּי / אוּלָם / אך] היא הילדה הכי גדולה.

ז. עופר ושירלי עובדים במשרד [אם / בהתחלה / או] בבית.

"יש לי" / "אין לי" בזמן עבר

haja li / ejn li: ich hatte / ich hatte nicht

זמן הווה Gegenwart	יש לי קפה אין לי קפה	Ich habe Kaffee Ich habe keinen Kaffee
זמן עבר Vergangenheit	הָיָה לִי קפה לא היה לי קפה	Ich hatte Kaffee Ich hatte keinen Kaffee

In der Vergangenheit benuzen wir kein אין / יש stattdessen nutzen wir das konjugierte Verb „sein" ה.י.ה

היה	לִי / לְךָ / לָךְ / לָהּ / לוֹ / לָנוּ / לכֶם / לָכֶן / לָהֶם / לָהֶן	**ילד**
	Wenn das Objekt, das man hatte, im Singular und maskulin ist, verwenden wir היה	

היתה	לִי / לְךָ / לָךְ / לָהּ / לוֹ / לָנוּ / לכֶם / לָכֶן / לָהֶם / לָהֶן	**ילדה**
	Wenn das Objekt, das man hatte, im Singular und weiblich ist, verwenden wir היתה	

היו	לִי / לְךָ / לָךְ / לָהּ / לוֹ / לָנוּ / לכֶם / לָכֶן / לָהֶם / לָהֶן	**ילדים**
	Wenn das Objekt, das man hatte, im Plural ist, verwenden wir היו	

 8

בחרו את ההטייה הנכונה של הפועל "להיות"

Wählt die richtige Konjugation des Verbs

א. לפני הרבה שנים [היה / הייתה / היו] לנו מכונית כחולה וקטנה.
היום יש לנו מכונית משפחתית גדולה ואפורה.

ב. כל הרופאות בבית־החולים שלנו [היה / הייתה / היו] סטודנטיות באוניברסטיאות הכי טובות בעולם.

ג. מוחמד [היה / הייתה / היו] השחקן הכי טוב בהצגה של בית־ספר.

ד. עוד לא [היה / הייתה / היו] אסטרונאוטית ישראלית שטסה לחלל.
עד עכשיו [היה / הייתה / היו] רק אסטרונאוט ישראלי אחד בשם אילן רמון.

ה. חיפשנו ולא מצאנו אותה. הילדה לא [היה / הייתה / היו] בשום מקום.

9

תרגמו לעברית

Übersetzt ins Hebräische

1. Ich hatte ein Haus in Ost-London.

   היה לי בית במזרח לונדון.

2. Sie hatte einen schönen großen Hund.

   ___

3. Wir hatten zwei gelbe Autos.

   ___

4. Tom, hattest du eine Katze?

   ___

5. Er war 5 Jahre alt, als er nach Berlin gezogen ist.

   ___

6. Sie war sehr nett.

   ___

7. Wie waren letztes Jahr in London.

   ___

8. Hattet ihr Kaffee?

   ___

9. Hatten sie ein Mädchen?

   ___

10

כתבו את המשפטים בזמן עבר

Schreibt die Sätze in der Vergangenheit

א. אין לנו זמן לעשות יוגה. *לא היה לנו זמן לעשות יוגה*

ב. אין להילה מזל. ___

ג. לאנשים בברלין אין מכוניות. ___

ד. יש להן תמונות יפות מהטיול ביפן. ___

ה. אין לי כסף לקנות בית. ___

ו. יש לי רצון ללמוד עברית. ___

Kommune	komuna	קומונה
Schlafzimmer	chadar shena / chadrej shena	חדר־שינה / חדרי־שינה
Wohnzimmer	salon	סלון
Küche	mitbach	מטבח
Sofa	sapa	ספה
Fenster	chalon / chalonot	חלון / חלונות
Arbeitszimmer	chadar awoda, chadrej awoda	חדר־עבודה / חדרי־עבודה
Keller	martef	מרתף
Dach	gag	גג
Bett	mita	מיטה
Balkon	mirpeset	מרפסת
Garten	gina	גינה
Pflanze/n	aziz / azizim	עציץ / עציצים
Toilette	chadar sherutim / chadrej sherutim	חדר־שירותים / חדרי־שירותים
Badewanne	am-bat-ja	אמבטיה
Dusche	miklachat	מקלחת
Ofen	tanur	תנור
Feuer	esh	אש
Briefkasten	tewat doar	תיבת־דואר
am Anfang	bahatchala	בהתחלה

dann, danach	achar kach	אחר כך
später	meuchar joter	מאוחר יותר
aber	ach	אך
weil, da	ki	כי
deswegen, deshalb	lachen	לכן
wenn	im	אם
oder	o	או
allerdings, jedoch	ulam	אולם
obwohl	lamrot she	למרות ש
ohne	bli	בלי
als	ma-a-sher	מאשר
mehr	od	עוד
nichts	klum	כלום
Eltern	hore / horim	הורה / הורים
zusammen	bejachad	ביחד
Erwachsene*r	mewugar	מבוגר
Bedürfnis	zarich	צריך
Leibliches Elternteil	hore biologi	הורה ביולוגי
Rahmen	misgeret	מסגרת
alle	kulam	כולם

Fußballspieler sachkan kaduregel	שחקן־כדורגל
Wochenende/n sof shawu-a / sofej shawu-a	סוף־שבוע / סופי־שבוע
Autounfall te-unat drachim	תאונת־דרכים
Bundesstraße kwish ra-shi	כביש ראשי
Regierung memshala	ממשלה
Problem be-a-ja	בעיה
Hausarzt rofat mishpacha	רופאת־משפחה
Seekrankenheit machalat jam	מחלת־ים
Mütter i-ma-hot	אימהות
Väter a-wot	אבות
gewöhnlich, regelmäßig ra-gil	רגיל
Stuhl kise	כיסא
breit rachaw	רחב
zueinander echad lasheni	אחד לשני
miteinander echad im hasheni	אחד עם השני
einander (Akk.) echad et hasheni	אחד את השני
für mich selbst **für ihn selbst / sich selbst** **für sie selbst / sich selbst** leazmi / leazmo / leazma	לעצמי לעצמו לעצמה

wichtig cha-shuw	חשוב
langweilig mesha-a-mem	משעמם
Opa / Opas sa-ba / sa-wim	סבא / סבים
Oma / Omas sawta / sawtot	סבתא / סבתות
Montreal mont-ri-ol	מונטריאול
Kibbuz ki-buz	קיבוץ
Negev ne-gew	נגב
Erklärung hes-ber	הסבר
Kakao (Getränk) sho-ko	שוקו
voll ma-le	מלא
Eiscreme gli-da	גלידה
Segen, Grüße bra-cha	ברכה
Neujahr rosh ha-sha-na	ראש־השנה
Elektrizitätsunternehmen chewrat chashmal	חברת־חשמל
Friedensgespräch sichat ha-sha-lom	שיחת־השלום
Friedensprozess tahalich hashalom	תהליך־השלום
Manager*in menahel / menahelet	מנהל/ת
Jahreszeit ona	עונה
Kartoffel tapuach adama	תפוח־אדמה
Synagoge bejt kneset, batej kneset	בית־כנסת / בתי־כנסת

(be)gründen, aufbauen le-ha-kim	להקים
entscheiden le-hach-lit	להחליט
vorschlagen le-ha-zi-a	להציע

פעלים אחרים Andere Verben	
vertrauen lis-moch	לסמוך
ausschalten le-cha-bot	לכבות
helfen la-a-sor	לעזור
bekommen, erhalten le-ka-bel	לקבל
segeln la-shut	לשוט
mieten liss-kor	לשכור
umziehen (Wohnung) la-a-wor	לעבור (דירה)
leben lich-jot	לחיות
denken lach-show	לחשוב

פעלים בבניין הפעיל Verben in „Hifil“	
erklären lehasbir	להסביר
füttern le-ha-a-chil	להאכיל
glauben le-ha-a-min	להאמין
erfinden le-ham-zi	להמציא
anpassen, entsprechen le-hat-im	להתאים
fühlen le-har-gish	להרגיש
jmd. hinsetzen, platzieren le-ho-shiw	להושיב
herunternehmen, -bringen, -laden le-ho-rid	להוריד
halten le-hach-sik	להחזיק
vorbereiten, zubereiten le-ha-chin	להכין
jmd. anziehen le-hal-bish	להלביש
jmd. schwören lassen le-hash-bi-a	להשביע
widmen le-hak-dish	להקדיש
jmd. etwas anhören lassen le-hash-mi-a	להשמיע
zustimmen le-has-kim	להסכים
versprechen le-haw-ti-ach	להבטיח
jmd. erschrecken le-haf-chid	להפחיד
erfolgreich sein, Erfolg haben le-haz-li-ach	להצליח
kennenlernen le-ha-kir	להכיר

!

רק רגע!
מה למדנו בפרק י'?

Moment mal! Was haben wir in Kapitel 10 gelernt?

1. אוצר מילים של 80 מילים חדשות ו־30 פעלים חדשים.
   80 neue Wörter und 30 neue Verben.

2. פעלים בבניין הפעיל. לדוגמא: אני **הסברתי / מסבירה / אסביר**
   Verben im Binjan Hif-il.

3. צירופי סמיכות. לדוגמא: **בית־ספר, בית־הספר, בתי־הספר**
   Wortketten genannt „Smichut“.

4. מילות קישור וחיבור. לדוגמא: **אך, אולם, לכן, למרות ש, בהתחלה, בסוף**
   Konjunktionen (Binde- oder Fügewörter).

תרגילי חיזוק לפרק י'

Wiederholungsübungen Kapitel 10

1 **כתבו את המשפטים בזמן עבר**

Schreibt die Sätze in der Vergangenheit

א. נדב ואלון לא **ירגישו** טוב **מחר**.

ב. יסמין לא **תקשיב** בשיעור אנגלית למורה שלה.
במקום זה, היא **תזמין** בווטס־אפ חברות למסיבה.

ג. רועי **יתחיל** ללמוד באוניברסיטה **שנה הבאה**.

ד. השלום בין ישראל ופלסטין חשוב מאוד.
לכן, אנחנו **נסכים** לוותר על ירושלים בהסכם־שלום.

ה. אני **אקשיב** להרבה מוזיקה מזרחית בטיסה שלי למרוקו **עוד שבועיים**.

ו. אבא עופר **יבשל** ארוחת־ערב ואבא ערן **יאכיל** את התינוק.

ז. את **תחליטי** בעוד שבוע מה את **תלמדי** באוניברסיטה.

ח. את **תתחילי** לסדר את חדר השינה **מחר**.

ט. היא **תזמין** אותי לבקר בבית החדש שלה, ואני **אישן** במרתף.

י. הם **ישתלו** הרבה עציצים במרפסת ועל הגג.

2 תרגמו את הטקסט הבא לזמן עתיד

Schreibt den folgenden Text in die Zukunftsform um

בבניין שלנו ברחוב דניאל 31 בתל־אביב גרים הרבה אנשים.

בקומת־קרקע גרה משפחה נחמדה עם שלושה ילדים קטנים שמקשיבים כל היום למוזיקה קלאסית. בקומה הראשונה גרות זוג לסביות נחמדות. הן לא מפסיקות לדבר ולצחוק. בקומה השנייה גר זוג מבוגר, סבא וסבתא. יש להם הרבה נכדים. הסבתא תמיד מסבירה לנכדים איך לגדל פרחים בגינה.

בקומה השלישית והאחרונה יש קומונה עם ארבעה גברים וחמש נשים. הם מזמינים את כל דיירי הבניין לארוחת שישי בסוף כל חודש. יש להם סלון גדול והם מצליחים להכניס את כולם בסלון שלהן.

3

כתבו טקסט על השכנים שלכם

Schreibt einen Text über eure Nachbarn

___

___

___

___

___

___

___

___

___

___

___

___

___

4

כתבו בסמיכות

Schreibt in „Smichut"-Form

א. סלט של ביצים ___

ב. סלטים של טונה ___

ג. עוגות עם תפוחים ___

ד. טיול של משפחות ___

ה. טיולים של נוער ___

ו. מוסיקה של רוק ___

ז. עבודה של לילה ___

ח. בתים לחולים ___

ט. העובדים של המשרד ___

י. בתים של כנסת ___

יא. ארוחות של צהריים ___

יב. תהליכים של שלום ___

בניין פָּעַל Binjan Paal			
essen	leechol	לאכול	
arbeiten	laawod	לעבוד	
studieren, lernen	lilmod	ללמוד	
fahren (ein Fahrzeug)	linhog	לנהוג	
lesen, rufen	likro	לקרוא	
schreiben	lichtow	לכתוב	
lieben	leehow	לאהוב	
hören	lishmoa	לשמוע	
gehen	lalechet	ללכת	ה.ל.ך
froh / glücklich sein	lismoach	לשמוח	
denken	lachshow	לחשוב	
fragen	lishol	לשאול	
finden	limzo	למצוא	
(über)prüfen, checken	liwdok	לבדוק	
zurückkehren	lachsor	לחזור	
nehmen	lakachat	לקחת	ל.ק.ח
aussteigen, rausgehen	lazet	לצאת	י.צ.א
sagen	lomar	לומר	א.מ.ר
schlafen	lishon	לישון	
treffen	lifgosh	לפגוש	
stehen	laamod	לעמוד	
runtergehen	laredet	לרדת	
wissen	ladaat	לדעת	י.ד.ע
helfen	laasor	לעזור	
liegen	lishkaw	לשכב	
öffnen	liftoach	לפתוח	
tanzen	lirkod	לרקוד	
mieten	liskor	לשכור	
hoffen	lekawot	לקוות	ק.ו.ה
überqueren, vorbeigehen	laawor	לעבור	

פעלים יוצאי־דופן בבניין פָּעַל - קבוצה א' Unregelmäßige Verben in Paal - Gruppe A			
trinken	lishtot	לשתות	
wollen	lirzot	לרצות	
kaufen	liknot	לקנות	
bauen	liwnot	לבנות	
machen	laasot	לעשות	
sehen	lirot	לראות	
sein	lihijot	להיות	ה.י.ה

backen leefot	לֶאֱפוֹת
weinen liwkot	לבכות
Fehler machen litot	לטעות
halbieren, überqueren lachazot	לחצות
einsteigen, aufsteigen laalot	לעלות
leben lichjot	לחיות

פעלים יוצאי־דופן בבניין פעל - קבוצה ב'
Unregelmäßige Verben in Paal - Gruppe B
(„jod" / „waw" in der Mitte des Shoresh)

wohnen lagur	לגור
kommen lawo	לבוא
singen lashir	לשיר
fliegen latus	לטוס
aufstehen lakum	לקום
rennen, joggen laruz	לרוץ
bewegen lasus	לזוז
segeln lashut	לשוט

פעלים יוצאי־דופן בבניין פעל - קבוצה ג'
Unregelmäßige Verben in Paal - Gruppe C („nun" am Anfang des Shoresh)

fallen lipol	ליפול נ.פ.ל
fahren, reisen linsoa	לנסוע נ.ס.ע
berühren lagaat	לגעת נ.ג.ע
geben latet	לתת נ.ת.ן

בניין פיעל
Binjan Piel

sich kümmern letapel	לטפל
sprechen ledaber	לדבר
anfragen, bitten lewakesh	לבקש
ordnen lesader	לסדר
Musik spielen, musizieren lenagen	לנגן
spielen (ein Spiel) lesachek	לשחק
warten lechakot	לחכות
(be)zahlen leshalem	לשלם
lehren, unterrichten lelamed	ללמד
putzen lenakot	לנקות
besuchen lewaker	לבקר
bekommen lekabel	לקבל
erzählen lesaper	לספר
entecken legalot	לגלות
adoptieren leamez	לאמץ
ausschalten lechabot	לכבות

בניין הפעיל
Binjan Hif-il

erklären lehasbir	להסביר
glauben lehaamin	להאמין
erfinden lehamzi	להמציא
anpassen, entsprechen lehatim	להתאים
füttern lehaachil	להאכיל
jmd. hinsetzen, platzieren lehoshiw	להושיב
runterholen, -bringen, -laden lehorid	להוריד
halten lehachsik	להחזיק
vorbereiten lehachin	להכין
(an)leiten lehadrich	להדריך
schwören lassen lehashbia	להשביע
widmen lehakdish	להקדיש
versprechen lehawtiach	להבטיח
zustimmen lehaskim	להסכים
anschalten, anzünden lehadlik	להדליק
erfolgreich sein, Erfolg haben lehazli-ach	להצליח
fühlen lehargish	להרגיש
jmd. anziehen lehalbish	להלביש
jmd. etwas anhören lassen lehashmia	להשמיע

בניין התפעל
Binjan Hitpael

heiraten lehitchaten	להתחתן
sich anziehen lehitlabesh	להתלבש
aufgeregt sein lehitragesh	להתרגש
küssen lehitnashek	להתנשק
entwickeln lehitpateach	להתפתח
sich an etwas gewöhnen lehitragel	להתרגל
sich ärgern lehitrages	להתרגז
kündigen (einen Job) lehitpater	להתפטר
fortschreiten lehitkadem	להתקדם

פעלים יוצאי־דופן בבניין התפעל
Unregelmäßige Verben in Hitpael

altern, alt werden lehisdaken	להזדקן
sich verbessern lehishtaper	להשתפר
(be)nutzen lehishtamesh	להשתמש
eine Gelegenheit (zu etw.) haben lehisdamen	להזדמן
sich fotografieren lassen lehiztalem	להצטלם
leid tun lehiztaer	להצטער
sich ändern lehishtanot	להשתנות
mitmachen, dazukommen lehiztaref	להצטרף

מילות היחס ל, של, ב בהטייה
Präpositionen mit Pronominalsuffixen: zu/nach, von, in

גוף Pronomen	סיומת Suffix	ל... zu	של... von	ב... in
אני	ִי	לִי	שֶׁלִּי	בִּי
אתה	ְךָ	לְךָ	שֶׁלְּךָ	בְּךָ
את	ָךְ	לָךְ	שֶׁלָּךְ	בָּךְ
הוא	וֹ	לוֹ	שֶׁלּוֹ	בּוֹ
היא	ָה	לָה	שֶׁלָּה	בָּה
אתם	ָכֶם	לָכֶם	שֶׁלָּכֶם	בָּכֶם
אתן	ָכֶן	לַכֶן	שֶׁלָּכֶן	בָּכֶן
הם	ָהֶם	לָהֶם	שֶׁלָּהֶם	בָּהֶם
הן	ָהֶן	לָהֶן	שֶׁלָּהֶן	בָּהֶן
אנחנו	ָנוּ	לָנוּ	שֶׁלָּנוּ	בָּנוּ

מילת היחס על בהטייה
Präpositionen und Pronominalsuffixe für auf/über

גוף Pronomen	סיומת Suffix	על auf, über
אני	ַי	עָלַי alaj
אתה	ֶךָ	עליך alecha
את	ִךְ	עליך alajch
הוא	ו	עליו alaw
היא	ָה	עָלֶיהָ aleha
אתם	כֶם	עליכם alechem
אתן	כֶן	עליכן alechen
הם	הֶם	עֲלֵיהֶם alehem
הן	הֶן	עֲלֵיהֶן alehen
אנחנו	ָנוּ	עָלֵינוּ alejnu